Gerhard Koop · Die deutschen Segelschulschiffe

Gerhard Koop

Die deutschen Segelschulschiffe

Unter Mitarbeit von Klaus-Peter Schmolke

Bernard & Graefe Verlag

Bildnachweis: Koop (11), Sammlung Koop (92),
Bavendamm (3), Creydt (4), Marineamt Wilhelms-
haven (6), Albrecht (1), Pfaff (3), Bahr (2),
Mayer (1), Klein (1).
Alle Skizzen stammen von Klaus-Peter Schmolke.

Lithos: Repro GmbH, Ergolding
Gesamtherstellung: Rieß-Druck, Benediktbeuern
Herstellung und Layout: Walter Amann, München
Printed in Germany

ISBN 3-7637-5860-7

Inhaltsverzeichnis

Vorwort

Dieses Buch ist ein Streifzug durch die Geschichte der deutschen Segelschulschiffe von den Anfängen bis zur Gegenwart. Es kann aber nur ein »Streifzug« sein, denn eine vollständige und detaillierte Darstellung aller Lebensläufe und Schicksale der hier abgehandelten Schiffe würde den vorgegebenen Rahmen sprengen.

Naturgemäß bilden die Segelschulschiffe der deutschen Reichs- und Kriegsmarine, vor allem aber die heutige **GORCH FOCK** der Bundesmarine den Schwerpunkt des gestellten Themas. Aber auch die Segelschulschiffe der deutschen Handelsmarine werden gebührend berücksichtigt.

Die Idee zu diesem Buch ging vom Bernard & Graefe Verlag aus, dem ich zu Dank verpflichtet bin, daß mir das Vertrauen entgegengebracht wurde, sie zu realisieren. Mein besonderer Dank gilt Klaus-Peter Schmolke, der sich zur Mitarbeit bereit erklärte; von ihm stammen alle Skizzen und die parallel zum Buch entstandene Planrolle. Sie wendet sich besonders an die Modellbauer, enthält sie doch alle zum Bau des Segelschul-schiffes **GORCH FOCK (II)** erforderlichen Pläne. Der Dank gilt schließlich auch der Bauwerft unserer früheren Segelschulschiffe und der heutigen **GORCH FOCK**, Blohm + Voss. Anhand der von ihr zur Verfügung gestellten Baupläne war es möglich, die Planrolle zu fertigen.

Die eigentliche Absicht, eine Planrolle der ersten **GORCH FOCK** bzw. ihrer Halbschwestern **HORST WESSEL** und **ALBERT LEO SCHLAGETER** zu fertigen, ließ sich nicht realisieren. Das noch vorhandene Quellenmaterial — vor allem detaillierte Pläne — ist zu dürftig, um Brauchbares daraus zu gestalten.

Soweit solche Pläne noch existierten, wurden sie, soweit nicht als Beute von den Siegermächten beschlagnahmt oder in andere Hände gelangt, nach Auskunft der direkt an der Elbe liegenden Bauwerft vor einigen Jahren im tiefliegenden Archiv infolge eines durch eine extreme Sturmflut hervorgerufenen Wasserschadens restlos vernichtet.

Gerhard Koop

Einleitung

Die Segelschulschiffausbildung nimmt — bei manchen Marinen seit vielen Jahren in ununterbrochener Folge, bei anderen nach langer Pause wieder— bis heute bei nahezu allen größeren Marinen einen hohen Stellenwert ein. Dabei ist allerdings festzuhalten, daß es nicht zu allen Zeiten eine klare Trennung gab zwischen den eigentlichen Kriegsschiffen und solchen Schiffen, die ausschließlich der Schulung dienten. Viele, wenn nicht sogar alle früheren »Schulschiffe« hatten eine Doppelfunktion.

Naturgemäß standen und stehen in erster Linie die Kampfschiffe (ehedem die gewaltigen Großkampfschiffe, heute andere Typen) im Mittelpunkt des allgemeinen Interesses. Hingegen ist über die reinen »Schulschiffe« (Ausnahme: die berühmten Flottenhandbücher) nur wenig bekannt.

Man kann wohl ziemlich sicher davon ausgehen, daß es die deutsche Marine war, die vor vielen Jahren als eine Art »Vorreiter« diese spezielle Schiffsgattung einführte, von der in diesem Buch die Rede ist, das *Segelschulschiff*. Andere folgten nur zögernd oder ignorierten diese Art Ausbildung, weil sie sie für überflüssig hielten, zumal die Entwicklung im Schiffbau rasante Fortschritte durchmachte. Blickt man zurück, so war das Zeitalter des hölzernen Segelkriegsschiffes bereits beim Übergang vom 18. ins 19. Jahrhundert auf dem Höhepunkt seiner Entwicklung angelangt. Nur knapp ein halbes Jahrhundert später erfolgte schon der zweite Umbruch, nämlich der Übergang zum Segelschiff mit dampfgetriebener Hilfsmaschine. Es folgte die endgültige Abkehr vom Segelschiff und die Einführung des reinen Maschinenantriebs. Nur wo es nützlich war, verwendete man weiterhin Segel *und* Maschine. Hierbei spielten allerdings wirtschaftliche Überlegungen eine Rolle, und betroffen waren davon die Einheiten, die in Übersee stationiert waren, wie Kanonenboote und andere kleinere Fahrzeuge, zumeist bis zur Jahrhundertwende um 1900.

Genau betrachtet, schickten sich ausländische Marinen (abgesehen von einigen wenigen Ausnahmen) erst nach dem Ersten Weltkrieg an, dem deutschen Beispiel zu folgen und ebenfalls Segelschulschiffe zu bauen bzw. Segelschiffe für diese Art Ausbildung auszurüsten. Heute besitzen viele Kriegsmarinen Segelschulschiffe, und zählt man die Handelsmarinen und sonstige Institutionen hinzu, ergibt sich eine beachtliche Zahl. Die größten sind hier angeführt:

Land	Schiff/Größe (Vermessung)	Bemerkungen
Argentinien	Libertad 3025 t	
Chile	Esmeralda 3673 t	ex Don Juan de Austria
Columbien	Gloria 1300 t	
Dänemark	Danmark	nicht Kriegsmarine
	Georg Stage	nicht Kriegsmarine
DDR	Wilhelm Pieck 290 t	
Ecuador	Guayas (934 BRT)	
Frankreich	La Belle Poule 225 t	
	L'Etoile 225 t	
Großbritannien	Royalist	nicht Royal Navy
	Sir Winston Churchill	nicht Royal Navy
	Captain Scott	nicht Royal Navy
Indonesien	Dewarutji 810 t	
Italien	Amerigo Vespucci 3545 t	
	Palinuro 1042 t	ex Jean Marc Alire
		ex Cdt. Louis Richard
Japan	Nippon Maru	nicht Kriegsmarine

Land	Schiff/Größe (Vermessung)	Bemerkungen
Jugoslawien	Jadran	ex Marco Polo
Mexico	Cuauhtemoc 1200 t	
Norwegen	Sørlandet (568 BRT)	nicht Kriegsmarine
	Christian Radich (676 BRT)	nicht Kriegsmarine
	Statsraad Lehmkuhl (1701 BRT)	nicht Kriegsmarine
Polen	Dar Pomorza	siehe → Prinzess Eitel Friedrich
	Iskra (II) 341 t	
	Dar Mlodziezy 2946 t	
Portugal	Sagres (II)	siehe → Albert Leo Schlageter
		ex Guanabara
Rumänien	Mircea 1630 t	Fast-Schwesterschiff von Horst Wessel und Albert Leo Schlageter, mit etwas kleineren Abmessungen
Schweden	Gladan 220 t	
	Falken 220 t	
Spanien	Juan Sebastian de Elcano 3420 t	
UdSSR	Kruzenshtern	Handelsmarine, siehe → Padua
	Tovarišč	siehe → Gorch Fock (I)
	Drouzjba 2996 t	zwei weitere in Bau befindlich
	Mir 2996 t	
USA	Eagle	siehe → Horst Wessel

1. Anfang und Ende: Die Segelschulschiffe der deutschen Marinen bis 1909

Seit es eine erste deutsche Kriegsmarine gab — gemeint ist das Gründungsjahr der »Flotte des Deutschen Bundes« 1848 — wurde die Ausbildung des Offiziernachwuchses, später auch die der Unteroffiziere, in nahezu ununterbrochener Folge auf den Planken und in den Masten mit ihrer Takelage von Segelschiffen betrieben.

Dem Wert dieser Ausbildung wurde stets viel Bedeutung beigemessen. Erst als sich abzeichnete, daß der Dampfantrieb den Segelantrieb verdrängen würde, ging man ab von der Segelschulschiffausbildung; schließlich wollte die deutsche Marine den Anschluß nicht verlieren. An die Möglichkeit der Beibehaltung von eigenen Segelschulschiffen hat sicherlich kaum einer gedacht. So stellte im Jahre 1891 das letzte Segelschiff, die **MUSQUITO**, außer Dienst, die weiterlaufende Ausbildung übernahmen Einheiten, die neben der Segelausrüstung auch über einen Dampfantrieb verfügten, und im Jahre 1909 stellte mit der **CHARLOTTE** das letzte Schulschiff dieser Art außer Dienst. Die Offizier- und Unteroffizierausbildung wurde von alten Großen Kreuzern übernommen, und nebenher lief eine Art stationäre Ausbildung auf den alten, außer Dienst gestellten Einheiten, die teilweise zugleich als Unterkünfte dienten, in den Häfen.

So blieb es bis nach dem Ersten Weltkrieg, und erst mit der Indienststellung der **NIOBE** für die junge Reichsmarine wurde das fortgesetzt, was man einst begonnen hatte: Ausbildung an Bord eines Segelschulschiffes.

Natürlich erhebt sich immer wieder die Frage nach Sinn und Zweck dieser Art Ausbildung in einer von der Technik bestimmten Zeit. Stets hat es Stimmen und Meinungen dagegen gegeben, aber genauso gab und gibt es die Befürworter. Es ist eindeutig belegbar, daß die Ausbildung der Kadetten, Schiffsjungen der Preußischen und Kaiserlichen Marine, der Offizier- und Unteroffizieranwärter der Reichs-, Kriegsmarine und der jetzigen Bundesmarine über die Toppen der Segelschulschiffe führte.

Segelschulschiffe haben ihre eigenen Gesetze, sie sind aufgrund der anfallenden harten Arbeiten, die Wind und See in und an der Takelage erfordern, am besten geeignet, den jungen Seemann mit dem nassen Element vertraut zu machen.

Das Arbeiten in den Toppen fordert Selbstüberwindung und Kraft, es schafft Selbstvertrauen, fordert Wachsamkeit, Ausdauer und Zusammenarbeit. Man lernt täglich neu die See und ihre »eigene Welt« kennen, von denen man so viel abhängiger ist als auf Dampf- oder Motorschiffen. Diese Abhängigkeit führt durch das »Muß« der Zusammenarbeit zur Kameradschaft, zur Rücksichtnahme auf den anderen, zur selbstverständlichen Unterordnung.

Zum anderen lernen die Kadetten (Offizieranwärter) und Unteroffizieranwärter den Dienst des Matrosen, ihres späteren Untergebenen, persönlich auszuüben (so ähnlich lautet die Instruktion für das Kadettenschulschiff vom 4. März 1877. Sie gilt praktisch heute noch). Darüber hinaus lernen die Schüler am eigenen Leibe, sich in die Anschauungen und Gefühle des Seemannes beim immer neuen Kampf mit den Elementen hineinzudenken.

Natürlich hat sich heute manches und vieles auch bei der Ausbildung auf Segelschiffen geändert: Abgesehen vom harten Alltagsdienst in See gibt es kein Leben mehr in zu großer Enge, auch die eintönige Kost wurde ersetzt, es fehlt der ständige Geruch nach Teer und Tauwerk. Was blieb, ist das handwerkliche Können und Beherrschen des Schiffes.

Die nachfolgende Aufstellung gibt einen Überblick über die Einheiten, die sich bis 1908/1909 als Segelschulschiffe in Dienst befanden.

Segelschulschiffe und zu (Segel-)Schulschiffen umfunktionierte Schiffe der deutschen Marinen bis 1908/1909

Name	Typ Größe	Baujahr	Indienst-stellung	Verwendung als Schulschiff für	In Dienst als Schulschiff von - bis	Bemerkungen
AMAZONE	Segelkorvette 390 t	1842/43	10. 5. 1844	Seekadetten	1844-1861	Im November 1861 in der südlichen Nordsee im Sturm verschollen. Totalverlust: 4 Offiziere, 1 Arzt, 5 Maate, 41 Matrosen, 36 Schiffsjungen, 19 Seekadetten. Wrackteile angeschwemmt bei Harlingen und Huisduinen/Niederlande. Die Funde wurden den preußischen Behörden am 7. Dezember 1861 zur Kenntnis gebracht. Vollschifftakelung: 876 m² Segelfläche.
DEUTSCH-LAND ex **ALFRED** ex **CESAR GODEFFROY**	Fregattschiff 716 t	1818	1848	seemännisches Personal	1848-1849	Vollschifftakelung
ELBE ex **ELBEN**	Kriegsschoner 140 t	1832/33	3. 4. 1848	Seekadetten	1848-1851	Schonergetakelt: 474 m² Segelfläche
MERCUR	Fregattschiff ca. 850 t	1847/48	1. 7. 1850	Schiffsjungen	1850-1860	Vollschiffgetakelt: 805 m² Segelfläche
THETIS	Segelfregatte 1882 t	1844/46	12. 1. 1855	Seekadetten	1855-1858	Vollschiffgetakelt: 2370 m² Segelfläche
NIOBE	Segelfregatte 1590 t	1848/49	21. 10. 1862	Seekadetten	1863-1890	Vollschiffgetakelt: 1650 m² Segelfläche. Letztes Schulschiff mit reiner Segeltakelung.
GEFION ex **ECKERN-FÖRDE** ex **GEFION**	Segelfregatte 1826 t	1840/46	11. 5. 1852	Seekadetten	1858-1863	Vollschiffgetakelt: 1939 m² Segelfläche
HELA	Kriegsschoner 300 t	1852/54	2. 3. 1854	Schiffsjungen	1859-1871	Ursprünglich Toppsegelschonertakelung: 604 m² Segelfläche, ab 1860 Briggtakelung: 539 m² Segelfläche.
MUSQUITO	Sloop 627 t	1851	19. 10. 1862	Schiffsjungen	1863-1891	Briggtakelung: 1035 m² Segelfläche
ROVER	Sloop 627 t	1853	19. 10. 1862	Schiffsjungen	1863-1890	Briggtakelung: 1035 m² Segelfläche
UNDINE	Brigg 670 t	1869/71	21. 5. 1871	Schiffsjungen und 4jährig-Freiwillige	1871-1884	Briggtakelung: 1035 m² Segelfläche, am 28. Oktober 1884 gestrandet.
ARCONA	Schrauben-fregatte 2391 t	1855/59	15. 4. 1859	Seekadetten, später stationär für Maschinisten und Heizer sowie für 4jährig-Freiwillige und Seewehr	1869-1876 1876-1884	Vollschiffgetakelt: ca. 2000 m² Segelfläche und Dampfantrieb.

Name	Typ Größe	Baujahr	Indienst-stellung	Verwendung als Schulschiff für	In Dienst als Schulschiff von - bis	Bemerkungen
NYMPHE	Glattdecks-korvette 1202 t	1862/63	25. 11. 1863	Schiffsjungen, dann stationär für Heizer	1874-1885 ab 1887	Vollschiffgetakelt: 1500 m² Segelfläche und Dampfantrieb.
NIXE	Glattdecks-korvette 1982 t	1883/86	1. 4. 1886	Seekadetten	1885-1900	Vollschiffgetakelt: 1579 m² Segelfläche und Dampfantrieb.
LUISE	Glattdecks-korvette 2072 t	1871/74	4. 6. 1874	Schiffsjungen	1885-1891	Vollschiffgetakelt: 1582 m² Segelfläche, später Barktakelung: 1049-1261 m² Segelfläche und Dampfantrieb.
ARIADNE	Glattdecks-korvette 2072 t	1868/72	23. 11. 1872	Schiffsjungen	1886-1899	Vollschifftakelung: 1582 m² Segelfläche, später Barktakelung: 1049-1261 m² Segelfläche und Dampfantrieb.
STEIN	Gedeckte Korvette 2994 t	1878/80	21. 10. 1880	4jährig-Freiwillige Seekadetten u. Schiffsjungen	1884-1897 1897-1899	Vollschiffgetakelt: 2210 m² Segelfläche, später reduziert auf 1580-1783 m² Segelfläche und Dampfantrieb.
GNEISENAU	Gedeckte Korvette 2994 t	1877/80	3. 10. 1880	Seekadetten und 4jährig-Freiwillige	1887-1900	Vollschiffgetakelt: 2210 m² Segelfläche, später reduziert auf 1580-1783 m² Segelfläche und Dampfantrieb. Am 16. Dezember 1900 im Sturm vor Malaga gestrandet, 41 Tote.
STOSCH	Gedeckte Korvette 2994 t	1876/77	3. 12. 1877	Seekadetten und 4jährig-Freiwillige	1888-1907	Vollschiffgetakelt: 2210 m² Segelfläche, später reduziert auf 1580-1783 m² Segelfläche und Dampfantrieb.
MOLTKE	Gedeckte Korvette 2994 t	1876/78	16. 4. 1878	Seekadetten und Schiffsjungen	1885-1908	Vollschiffgetakelt: 2210 m² Segelfläche, später reduziert auf 1580-1783 m² Segelfläche und Dampfantrieb. Anfangs sporadisch als Schulschiff, ab 1891 endgültig der Klasse der Schulschiffe zugeteilt.
MARIE	Glattdecks-korvette 2424 t	1880/83	1. 5. 1883		1897	War vorgesehen, aber wegen des schlechten Zustandes wurde der entsprechende Umbau nicht vollzogen.
CHARLOTTE	Gedeckte Korvette 3763 t	1883/86	1. 11. 1886	Seekadetten und Schiffsjungen	1886-1909	Vollschiffgetakelt: 2360 m² Segelfläche, später Barktakelung: 1580 m² Segelfläche und Dampfantrieb.
OLGA	Glattdecks-korvette 2424 t	1879/81	25. 10. 1881	Schiffsjungen	1893-1900	Barkgetakelt: 1134-1230 m² Segelfläche, ab 1897 Schulschiff für Maschinenwaffen, dann ohne Segeltakelage, Dampfantrieb.
SOPHIE	Glattdecks-korvette 2424 t	1879/82	10. 8. 1882	Seekadetten und Schiffsjungen	1897-1899	Barkgetakelt: 1134-1230 m² Segelfläche und Dampfantrieb.
KÖNIG WILHELM	Batterieschiff 10761 t	1865/69	20. 2. 1869	Schiffsjungen	1907-1920	Nach Umbau zum Schulschiff ohne Segeltakelage. Ab 1. Oktober 1907 nur noch stationär, zugleich Wohnschiff für die Schiffsjungen. Zuvor vollschiffgetakelt: 2600 m² Segelfläche, später reduziert auf 1100 m² Segelfläche und Dampfantrieb.

Die nachfolgenden Einheiten: **VICTORIA LOUISE, HANSA** und **HERTHA** kann man nicht mehr dazuzählen. Es waren reine dampfgetriebene Schiffe und ihrer Klasse nach Große Kreuzer.

Wenn auch nicht direkt der Ausbildung von Seekadetten und Schiffsjungen dienend, ist noch ein weiteres Fahrzeug anzuführen: Zur Ausbildung der Yachtbesatzungen (gemeint sind hier die großen Segelyachten des Kaisers und anderer höchster Persönlichkeiten) diente eine 160 t verdrängende Yacht: **COMET** ex **METEOR I.** Sie wurde von 1896 bis 1920 für diese Zwecke benutzt. Ihre Bauwerft war Henderson, Glasgow, der Konstrukteur hieß G. L. Watson. Daten: Länge über Klüverbaum 35,08 m; Länge über alles 29,87 m; Länge in der Konstruktionswasserlinie 26,31 m; Breite in der Konstruktionswasserlinie 5,96 m; Breite über alles 6,17 m; Seitenhöhe 1,37 m; Tiefgang 3,95 m. Die Yacht führte 70 t Ballast mit sich und hatte eine Segelfläche von 624,75 m^2.

Weitere Segelschulfahrzeuge waren: **TÜMMLER**, ein Kutter der Seekadettenschule in Kiel, für Ausbildungszwecke verwendet (1849) und

PHOKA, eine Tjalk, die ebenfalls nur kurzzeitig für Ausbildungszwecke Verwendung fand. Sie wurde 1852 verkauft.

Und noch ein weiteres Schiff bedarf der Erwähnung: der Rahschoner **STRALSUND**, eines der ersten Kriegsschiffe der Preußischen Marine, 1816/17 von der Werft J. A. Meyer in Stralsund erbaut, lief am 13. September 1816 vom Stapel und stellte am 17. Juni 1817 in Dienst. Er wurde nur wenig benutzt, lag die meiste Zeit auf und fuhr ab 1818 für die Navigationsschule Danzig, die nicht zur Marine gehörte. Am 17. Oktober 1827 erfolgte die Streichung und am 7. November des Jahres der Verkauf zum Abbruch. Er war 250-286 t groß, hatte eine Länge von 24,38 m, eine Breite von 7,31 m und einen Tiefgang von 1,90-2,44 m. Seine nicht fest an Bord befindliche Besatzung betrug 44 Mann. Die Segelfläche war 583 m^2, zusätzlich konnten 150 m^2 Leesegel gesetzt werden.

Die Segelkorvette **AMAZONE** in einer zeitgenössischen Darstellung.

Das Vollschiff **DEUTSCHLAND** in einer Hamburger Lithographie. Im Hintergrund die Radkorvette **HAMBURG**.

Das Fregattschiff **MERCUR** in einer zeitgenössischen Darstellung.

Die Segelkorvette **THETIS**. Sie und ihr Schwesterschiff **NIOBE** wurden 1855 unter Beibehaltung des Namens von der Royal Navy im Tausch gegen zwei andere Fahrzeuge erworben.

Die Segelkorvette **NIOBE**, hier mit den beiden Briggs **MUSQUITO** (links) und **ROVER** (rechts) in einer zeitgenössischen Darstellung.

Die Segelfregatte **GEFION** ex **ECKERNFÖRDE** ex dänisch **GEFION**, eine aquarellierte Federzeichnung von Feldmann. Das Schiff war im ersten deutsch-dänischen Krieg 1849 erbeutet worden.

Die Brigg **MUSQUITO** unter Segeln.

Die Brigg **ROVER** vor Anker liegend.

Die Brigg **UNDINE** vor Anker liegend.

Die Glattdeckskorvette **NYMPHE** vor Anker liegend.

Die Glattdeckskorvette **ARIAD-NE** mit teilgerefften Segeln an der Pier.

Die Gedeckte Korvette **STEIN** in Danzig-Neufahrwasser an der Pier. Die Besatzung hat die Rahen bemannt.

Die Gedeckte Korvette **STEIN**, aufgenommen in Swinemünde-Osternothafen. Die Aufnahme zeigt die Besatzung bei der Trokkenausbildung im Segelsetzen und -einholen.

Die Gedeckte Korvette **STOSCH**, ein Schwesterschiff der **STEIN**. Hier liegt sie mit teilgesetzten Segeln vor Anker. Der Schornstein ist eingezogen, im Hintergrund liegt der Aviso **GRILLE**.

Die Gedeckte Korvette **STOSCH** vor Anker liegend. Der Schornstein ist abgesenkt. Der Flaggenschmuck weist auf ein bevorstehendes besonderes Ereignis hin.

Die Glattdeckskorvette **MARIE**. Die Aufnahme zeigt das Schiff im auf eine Untiefe bei Auba aufgelaufenen Zustand, das Vorschiff ragt aus dem Wasser.

Die Glattdeckskorvette **OLGA** mit abgesenktem Schornstein und gesetzten Segeln. Da die Maschinenanlagen seinerzeit mehr den Charakter einer Hilfseinrichtung hatten, und da die Schiffe aus wirtschaftlichen Gründen vorwiegend unter Segeln fuhren, konnten bei Nichtbenutzung der Maschinenkraft die Schornsteine abgesenkt werden. Darüber hinaus war es auf einzelnen Fahrzeugen auch möglich, die Schiffsschrauben einzuziehen bzw. so zu plazieren, daß sie nicht 'bremsten'. Die **OLGA** und ihr Schwesterschiff **CAROLA** hatten nach einem Umbau im Gegensatz zu den anderen Einheiten der Klasse (**MARIE, SOPHIE, ALEXANDRINE** und **ARCONA**) zwei Schornsteine erhalten.

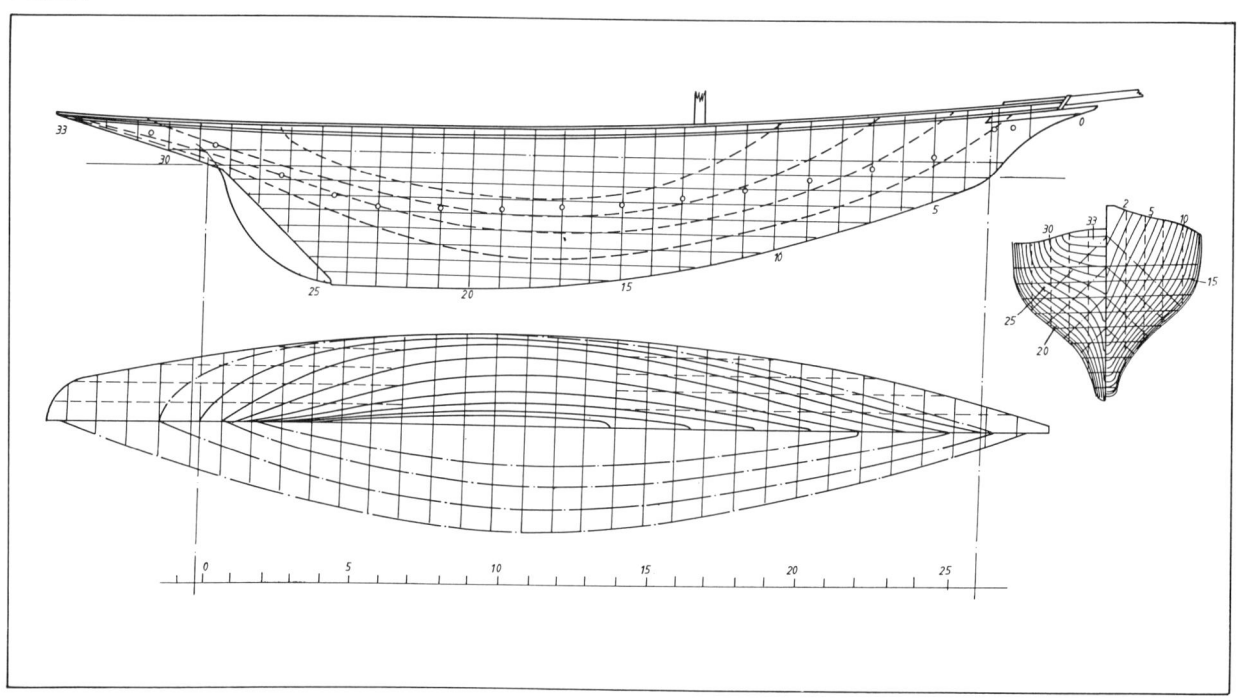

20

Die **METEOR (I)** ex brit. **THISTLE**, hier als **COMET** in Kiel. Da der Kaiser (Wilhelm II.) anfangs kein rechtes Zutrauen hatte zu den deutschen Werften, die Hochseeyachten und ähnliches fertigten, wurden Fahrzeuge dieser Art grundsätzlich in Großbritannien geordert bzw. gekauft.

◁ Linien- und Spantenriß von **COMET** ex **METEOR(I)** ex **THISTLE**.

2. Hoffnungsvoller Neubeginn und tragisches Ende: Segelschulschiff NIOBE

Jede Kriegsmarine benötigt Schulschiffe. Der jungen deutschen Reichsmarine fehlte vor allem ein Schiff, auf dem der künftige Offiziernachwuchs herangebildet werden konnte. Diese Aufgaben übernahm unter anderem der Kleine Kreuzer **BERLIN**, ein Überbleibsel der Kaiserlichen Marine. Darüber hinaus entschied man, auch ein spezielles Segelschulschiff in Dienst zu stellen. Die Grundidee dabei war, daß seemännisches Wissen und Können am schnellsten und besten auf einem Schiff erworben werden könne, das von Wind und Wetter abhängig war. So ein Schiff trug dazu bei, Geist und Körper junger Männer zu stählen, aber auch andere Tugenden wie Mut und Entschlossenheit, Kameradschaft und Umsicht wurden entwickelt und gefördert. Die Arbeit in der Takelage und an Deck, insbesondere bei rauhem Wetter, trug außerdem dazu bei, die Spreu vom Weizen zu trennen: Unfähige, Ängstliche oder Zaghafte wurden auf natürlichem Wege ausgesondert. Übrig blieben schließlich Männer, die nicht nur ihr Handwerk gründlich beherrschten, sondern später auch verantwortungsbewußte Führer wurden. Da sich im Fahrzeugbestand der Reichsmarine kein Segelschiff fand, das den erwarteten Anforderungen entsprach, mußte sich die Marine nach etwas anderem umsehen. Einem Neubau waren Grenzen gesetzt, denn der außerordentlich knappe Wehretat ließ das nicht zu, und auch einem Ankauf waren Grenzen gesetzt. Schließlich fand man doch ein in etwa brauchbares Schiff. Es gehörte zu einem Schiffsbestand von Charter- und Prisenschiffen der Seetransportabteilung der Reichsmarine, die vom KptzS Lohmann betreut wurde: Es führte den Namen **NIOBE** und fuhr als Segeltender für eine Gruppe unternehmungslustiger Deutscher, die auf dem Schiff eine Art halbmilitärischer Ausbildung betrieb.

Am 30. April 1923 stellte die **NIOBE** endgültig als Segelschulschiff der Reichsmarine in Dienst. Sie hatte bis dahin ein recht bewegtes und teilweise turbulentes Leben hinter sich. Am 2. August 1913 war sie unter dem Namen **MORTEN JENSEN** als Schoner für den Eigner F. F. Knakkergaard in Nyköbing vom Stapel gelaufen. Später wechselte sie den Besitzer und wurde

1915 als norwegischer Schoner **TYHOLM** (Eigner: A/S Tyholm, Morten Kallevig, Arendal) in der Schiffsliste geführt. 1916 wechselte sie erneut den Eigner und fuhr nun für H. T. Realfsen in Skien. Am 21. November 1916 wurde das Schiff in der Nordsee vom deutschen Unterseeboot **UB 41** angehalten und untersucht. Als man feststellte, daß es Bannware (Grubenholz für Schottland) geladen hatte, erfolgte die Einbringung als Prise. Am 16. Februar 1917 wurde die **TYHOLM** prisengerichtlich beschlagnahmt und ging in das Eigentum des Deutschen Reiches über. In der zweiten Hälfte des Jahres 1918 überführte man das Schiff in die Werft, wo der Umbau zum Hilfsfeuerschiff vorgenommen wurde. Ob als solches jedoch ein Einsatz erfolgte, ist nicht bekannt.

Am 7. Juni 1920 wurde das Schiff verchartert und lief unter dem Namen **ALDEBARAN**. Dann jedoch forderte die neugebildete Reichsmarine das Schiff zurück, und es wurde mit dem 3. Februar 1921 unter dem Namen **NIOBE** als Segeltender der Marinestation der Ostsee unterstellt. Die Indienststellung war am 10. März 1921 in Hamburg (wahrscheinlich lag sie zu diesem Zeitpunkt dort in der Werft). Nur kurze Zeit in Fahrt, wurde die **NIOBE** am 23. September 1921 nochmals verchartert, diesmal als Komparse für Filmdreharbeiten. Sie führte für diese Zwecke die Namen **SCHWAN** und **SCHWALBE**. Wieder zurückgegeben, ging das Schiff ab 6. Februar 1922 zum Umbau in die Werft. Mit Marineverordnungsblatt vom 15. März 1922 erfolgte die Umbenennung in Segelschulschiff und mit dem 1. April 1923 die endgültige Namensgebung: **NIOBE**. Mit dem 19. Dezember 1923 wurde das Segelschulschiff in die Liste der Kriegsschiffe aufgenommen.

Mit diesem Tage setzte sie auch erstmals die offizielle Reichskriegsflagge, bis dahin war sie unter der Reichsdienstflagge gefahren.

Es folgten nunmehr zahlreiche Segelfahrten, die der Ausbildung des Offizier- und Unteroffiziernachwuchses dienten. Am 26. Juli 1932 ereilte das Schiff das Schicksal. Um 1427 Uhr wurde es von einer nicht vorhersehbaren Gewitterbö erfaßt, auf die Seite gedrückt und kenterte. Da die **NIOBE** sich zu diesem Zeitpunkt gerade in Höhe des Feuerschiffes **FEHMARN-BELT** befand, konnten sofort eingeleitete Rettungsmaßnahmen durch dieses und das in der Nähe befindliche Frachtschiff **THERESIA L. M. RUSS** zwar eine ganze Reihe von Besatzungsangehörigen retten, für sehr viele aber wurde das zu plötzlich gekenterte Schiff zum Grab. Es waren insgesamt 69 Tote zu beklagen: drei Seeoffiziere, ein Sanitätsoffizier, ein Zahlmeister, acht Unteroffiziere, 36 Offizieranwärter, 10 Unteroffizieranwärter, neun Mannschaften und ein Schiffskoch. Gerettet wurden 40: der Kommandant, ein Offizier, vier Unteroffiziere, 24 Offizieranwärter, vier Unteroffizieranwärter, fünf Mannschaften und ein Steward. Die Bergung des auf Position 54°35,7' n / 11° 11,2' o gesunkenen Segelschulschiffes begann unmittelbar danach, und am 21. August 1932 war das Wrack von den Hebefahrzeugen **BERGER I, HIEV, KRAFT** und **WILLE** soweit gehoben, daß es nach Kiel verbracht werden konnte. Dort wurden die Toten von Bord geholt und unter großer Anteilnahme der Bevölkerung beigesetzt: 33 auf dem Nordfriedhof in Kiel. 17 wurden in ihre Heimatorte überführt, 19 sind auf See geblieben. Die Galionsfigur der **NIOBE** fand ihren Ehrenplatz in der Marineschule Mürwik. In Sichtweite des Untergangortes wurde bei Gammersdorf/Landkirchen auf Fehmarn am 26. Juli 1933 der Grundstein für ein Ehrenmal gelegt. Die Enthüllung erfolgte am 15. Oktober 1933.

Der tragische Untergang des Segelschulschiffes hatte ein Nachspiel. Der Kommandant mußte sich im November 1932 vor dem Gericht der Aufklärungsstreitkräfte verantworten. Aufgrund der von namhaften Experten durchgeführten Untersuchungen wurde er freigesprochen, der Untergang war auf eine Verkettung unglücklich zusammentreffender Umstände zurückzuführen, die zu verhindern oder gar vorauszusehen unmöglich gewesen ist.
Das Wrack des zur Bergung der Toten in der Heikendorfer Bucht verbrachten Schiffes wurde nach Abschluß aller Untersuchungen am 18. September 1933 um 1000 Uhr morgens nordöstlich der Stolpe-Bank auf der Position 55°14' n / 17°21' o im Beisein der gesamten Flotte durch einen Torpedoschuß des Torpedobootes **JAGUAR** endgültig versenkt; es ruht seither in 80 m Tiefe.

Der Gedenkstein am Grab der in Kiel beigesetzten 33 Toten trägt die Inschrift: »**NIOBE** — Nicht klagen — wieder wagen«.

Ausbildungsreisen

Die Ausbildung wurde vorwiegend in den küstennahen Gewässern um Deutschland betrieben, lediglich einige kleine und kurze Abstecher ins Ausland sind zu verzeichnen:

11. - 14. Juni 1926:	Besuch in Slite auf Gotland
6. - 9. August 1927:	Besuch in Helsingör/ Dänemark
9. - 12. August 1927:	Besuch von Klampenberg/ Dänemark
29. Mai - 3. Juni 1928:	Besuch in Kalmar/Schweden
23. - 28. August 1928:	Besuch in Saltsjöbaden/ Schweden
23. September 1929:	Besuch in Rönne auf Bornholm
7. - 11. September 1929:	Besuch in Örnsköldsvik/ Schweden

Die Kommandanten der NIOBE

Kptlt	Graf v. Luckner, Felix	März 1921	- Sept. 1921
Kptlt/ KKpt	Krafft, Ernst	März 1922	- Mai 1924
Kptlt	Lafrenz, Claus	Mai 1924	- April 1925
KKpt	Waßner, Erwin	April 1925	- Januar 1927
KKpt	Mewis, Raul	Januar 1927	- Juni 1929
KKpt	Kümpel, Otto	Juni 1929	- Februar 1932
Kptlt	Ruhfus, Heinrich	Februar 1932	- Juli 1932

Die Daten der NIOBE

Bauwerft:	Fredrikshavn Skibsvaerft & Flydedok H. V. Buhl & Co., A/S Fredrikshavn
Baunummer:	143
Umbauwerften:	1918 — Reiherstiegwerft, Hamburg 1922/23 Marinewerft Wilhelmshaven (eine andere Quelle nennt Krupp-Germania, Kiel)
Typ vor Umbau:	Viermast-Gaffelschoner
Typ nach Umbau 1922/23:	Dreimast-»jaskass-barque«
Vermessung:	Vor Umbau 373 BRT, nach Umbau 367 BRT

Deplacement:	ca. 700 t vor Umbau, nach Umbau 724 t, zuletzt 645 t
Raumeinteilung:	IV Abteilungen
Segelfläche:	nach Umbau 943 + 40 m², endgültig 953 m²
Besatzung:	Als Segeltender 13, als Segelschulschiff 34 Stamm + 65 Schüler
Höhe Fockmast:	Nach Umbau 33,7 m
Höhe Großmast:	Nach Umbau 34,8 m
Höhe Besanmast:	Nach Umbau 32,1 m
Länge der Rahen:	Nach Umbau 10 - 17 m
Länge des Schiffes:	Nach Umbau 42,9 m in der Konstruktionswasserlinie, 46,1 m über alles, 58 m mit Klüverbaum
Breite des Schiffes:	9,17 m
Tiefgang des Schiffes:	2,90 - 3,40 m, bei der letzten Fahrt jedoch 5,2 - 5,3 m

Hilfsmaschinenanlage:	1 Bolinder Zweitakt-Zweizylinder-(Diesel-)Glühkopfmotor mit 160 - 240 PSe für 7,5 kn Fahrt, 1 Schraube
Stabilitätswerte:	Aufgrund aller erfolgreich verlaufenen Krängungsversuche wies die Hebelarmkurve 78° Krängung auf, d.h., das Schiff war imstande, sich aus einem Neigungswinkel dieser Größe selbständig wieder aufzurichten. Zur Erhöhung der Stabilität und des Tiefganges hatte es beim Umbau einen tonnenschweren durchgehenden Bleikiel erhalten und führte zusätzlich ca. 155 t Eisenballast mit.

Seite 25 oben: Das Segelschulschiff **NIOBE** vor dem großen Umbau mit noch vier Masten. ▷
Seite 25 unten: Die **NIOBE** nach dem Umbau, jetzt mit drei Masten: Fockmast, Großmast, Besanmast. ▷

Segelschulschiff **NIOBE**: Seitenansicht mit Takelriß und Segelplan (gezeichnet nach Unterlagen Deutsche Werke AG., Kiel, Aussehen nach Umbau zum Segelschulschiff)

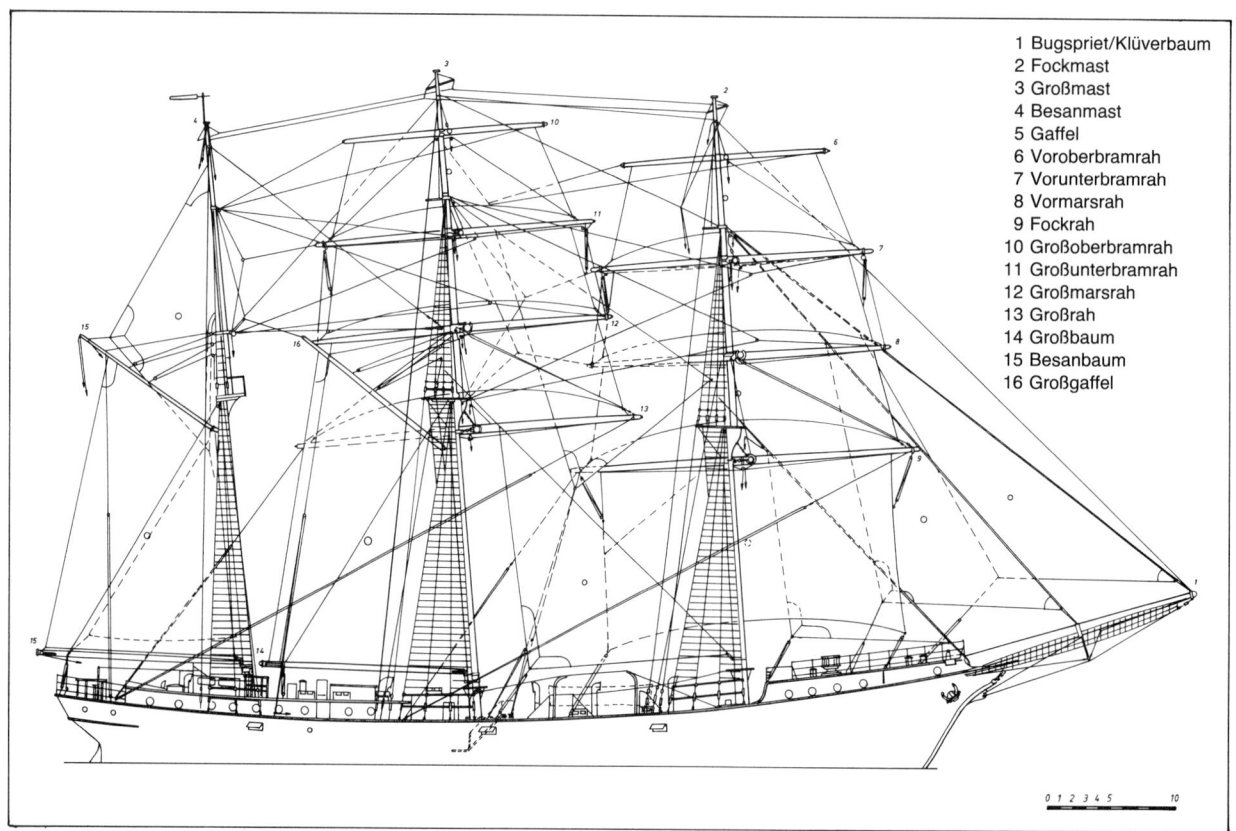

1 Bugspriet/Klüverbaum
2 Fockmast
3 Großmast
4 Besanmast
5 Gaffel
6 Voroberbramrah
7 Vorunterbramrah
8 Vormarsrah
9 Fockrah
10 Großoberbramrah
11 Großunterbramrah
12 Großmarsrah
13 Großrah
14 Großbaum
15 Besanbaum
16 Großgaffel

Die **NIOBE**, unter vollen Segeln auslaufend.

Die **NIOBE** einlaufend Kiel. Im Hintergrund von links die alten Linienschiffe **ELSASS** und **HESSEN**.

Segelschulschiff **NIOBE**, hier ein
Teil der Besatzung während der
Freizeit an Deck. Die Aufnahme
stammt von 1927.

Segelschulschiff **NIOBE**, Bäder-
reise entlang der Ostseeküste.
Hier ein Teil der Besatzung am
Strand von Warnemünde, Tag der
Aufnahme: 19. Mai 1927.

Segelschulschiff **NIOBE** in der Parade, die vorliche Aufnahme zeigt die Männer auf dem Klüverbaum und den Rahen des Fockmastes.

Nur kurze Zeit vor dem überraschenden Untergang des Schiffes wurde es um 1340 Uhr vom damals viel bewunderten und heute legendären Flugboot Do-X passiert. Die Aufnahme des Flugbootes aus dem Sommer 1932 zeigt es während eines Zwischenstopps in Wilhelmshaven.

Oberbootsmann Kühn an der Reling stehend. Er hatte um 1230 Uhr die Wache übernommen. Die Aufnahme zeigt ihn im Sommer 1927.

Der Untergang der **NIOBE** nach einer sehr realistischen Federzeichnung des bekannten Marinemalers W. Zeeden. Die plötzlich einfallende Bö ließ die **NIOBE** nach Backbord auf 45°-50° krängen, es gab keine Ruderwirkung mehr, und um 1427 Uhr legte sich das Schiff innerhalb von 30 Sekunden auf die Seite. Bis zu diesem Zeitpunkt kam der Wind mit Stärke 3-4 aus Südwest und Südsüdwest. Obwohl über der Insel Fehmarn eine Gewitterwand stand, war der Himmel über der **NIOBE** klar gewesen.

Bergung des Wracks. Langsam hebt sich der Schiffskörper aus dem Wasser. Längsseits liegend der Arbeits- und Pumpendampfer der Reichsmarinewerft Wilhelmshaven, **KRAFT**.

Einbringen des Wracks nach Kiel zur Bergung der Toten, zwecks Untersuchung des Unglücksherganges und Auswertung der daraus resultierenden Ergebnisse.

Das Wrack an der Pier in Kiel, hier ein Teil des Hecks.

Die Gedenkstätte für das untergegangene Segelschulschiff in der Garnisons- und Gedächtniskirche Wilhelmshaven, eine Aufnahme vom 18. Juni 1988.

3. Notlösungen: GUD-WIN, EDIT, JUTTA, DUHNEN und ORION

Mit dem Untergang der **NIOBE** verlor die junge Reichsmarine nicht nur die Mehrzahl einer vielversprechenden Crew angehender Seeoffiziere und Unteroffiziere, sondern auch ihr einziges Segelschulschiff. Es ergab sich nunmehr die Frage, wie es weitergehen sollte. Natürlich konnte und wollte die Marine nicht auf diese Art Ausbildung verzichten, andererseits würde es wohl eine ganze Weile dauern, bis entsprechender Ersatz in Form eines neuen Segelschulschiffes zur Verfügung stehen würde.

So suchte die Marine vorerst nach Wegen, diese Zwischenzeit sinnvoll zu nutzen. Als Notlösung boten sich kleinere Segelfahrzeuge an, die von privater Seite zur Verfügung gestellt wurden. Sie erfüllten ihren Zweck, konnten aber nicht als vollwertiger Ersatz für ein Segelschulschiff angesehen werden.

GUD-WIN war ein ehemaliger Lotsenschoner, der am 20. Dezember 1893 unter dem Namen **DÖSE** in Fahrt gekommen war. 1929 wurde aus ihm die Hochseeyacht **GUD-WIN**; sie gehörte dem Eigner Rickmers. 1932 wurde das Fahrzeug von der Reichsmarine als Ersatz für die **NIOBE** übernommen und gehörte zum sogenannten »Segelschonerverband der Reichsmarine«. Schon 1934 wurde die Yacht abgegeben an die Segelschule R. v. Stosch in Hamburg. Bei Kriegsbeginn erneut von der Kriegsmarine übernommen, gehörte sie ab 10. September 1940 zur Motorbootabteilung Emden und war vorgesehen für das Unternehmen »Seelöwe«. Ab 1942 fuhr sie für die Yachtschule Glücksburg, 1943 für die Marine-Hitlerjugend, und ab 23. März 1944 gehörte sie zur Marineschule Mürwik. 1945 wurde sie als Beute der Siegermächte ins Ausland verkauft, kam jedoch bald zurück und fuhr 1957 auf der Elbe als Passagierboot.

Bauwerft: C. C. A. Dreyer, Neuhof/Hamburg.
Vermessung: 75 BRT.
Länge über alles 25,2 m, Breite 5,66 m, Tiefgang 3,04 m.
Typ: Gaffelschoner.
Ein Bohn & Kähler-Viertakt-Vierzylinder-Dieselmotor mit 48 PSe, eine Schraube.
Besatzung: 6 + 36 Schüler.
Segelfläche 298 m².

EDIT kam 1923 als Yacht unter dem Namen **ANNELIESE** (Eigner: Dir. Petersen) in Fahrt; sie gehörte ab 1926 dem DH.»Hansa« (Deutscher Hochseesportverband »Hansa«), jetzt mit dem Namen **EDIT**. 1932 wurde das Fahrzeug vom Segelschonerverband der Reichsmarine als Ersatz **NIOBE** übernommen. Bereits Ende des Jahres erfolgte die Rückgabe. 1939 kam die Yacht erneut zur Kriegsmarine und wurde der Inspektion des Bildungswesens der Marine unterstellt. Ab 1. Mai 1940 wurde auf ihr die Seeoffizierausbildung in Stralsund betrieben. Am 6. Oktober 1944 wurde die **EDIT** im Fährkanal von Stralsund durch Bomben schwer beschädigt, im Mai 1945 bei der Tonne 17, östlich Stralsund, auf der Position 54°16,2' n / 13°8,5' o selbstversenkt. Am 5. Dezember 1946 gehoben, war eine Wiederherstellung als Bereisungsboot für die Sowjetunion geplant. Da sich das Wrack jedoch als völlig ungeeignet für diese Zwecke erwies, wurde aus ihm eine Materialschute mit der Bezeichnung **4-PT-555**. Diese fand Verwendung bei den Bergungsarbeiten des früheren Passagierschiffes **HAMBURG**, die 1950 durchgeführt wurden.

Bauwerft: AG. Neptun, Rostock.
Baunummer: 378.
Vermessung: 66 BRT.
Deplacement: ca. 80 t.
Länge über alles 25,5 m; Länge in der Konstruktionswasserlinie 21,11 m; Breite 5,75 m; Tiefgang 3,05 m. Seitenhöhe 3,05 m.
Eine Dieselhilfsmaschine mit 35 PSe, eine Schraube.
Typ: Gaffelschoner mit 350 m² Segelfläche.

Die Yacht endete schließlich durch Abbruch, nachdem sie zuvor noch als Ansteuerungsfeuer-Hulk im Fahrwasser bei Saßnitz gedient hatte.

JUTTA war ein Schwesterboot der **EDIT** und unter der Baunummer 389 von der AG. Neptun in Rostock erbaut worden. Ihre Daten sind dieselben wie bei **EDIT**, auch ihre Verwendung ist ähnlich:
1923 kam sie als Yacht **RUTH** für ihren Eigner, einen Dir. Reppel, in Fahrt. 1926 wechselte sie, nun unter

dem Namen **JUTTA**, zur DH. »Hansa« und 1933 zum Segelschonerverband der Reichsmarine als Ersatz **NIOBE**. 1934 erfolgte die Rückgabe. 1939 wurde sie erneut von der Kriegsmarine übernommen und der Inspektion des Bildungswesens der Marine unterstellt. Ab 1. Mai 1940 galt sie als Segelschulschiff. Ihr weiteres Schicksal ist nur lückenhaft bekannt, 1948 wurde sie jedoch in Hamburg durch den Treuhänder DH. »Hansa« verkauft.

DUHNEN kam 1912/13 in Fahrt als Lotsenschoner **EMDEN** und wechselte 1919 als **DUHNEN** zur Elblotsen-Bruderschaft über. 1933 übernahm der Segelschonerverband der Reichsmarine das Schiff als Ersatz **NIOBE**. Die **DUHNEN** verblieb mehrere Jahre bei der Reichsmarine. Ab 11. September 1936 wurde sie schließlich Ausbildungsschiff der Marine-SA. Nachdem sie am 18. Januar 1937 bei Fehmarn gestrandet war, kam sie nach Wiederherstellung erneut zur Elblotsen-Bruderschaft, die sie am 13. Mai 1939 an die SA-Gruppe Nordmark verkaufte.
Ab September 1939 wurde die **DUHNEN** Wohnschiff des Geleitoffiziers der Kanalwachabteilung für den Kaiser-Wilhelm-Kanal in Kiel. Ab 7. Januar 1943

wechselte sie schließlich über zur deutschen Luftwaffe als Schulschiff der Seefahrtschule Laboe. Im Mai 1945 lag sie in Schleswig, wo sie britische Beute wurde und sodann zum Fliegerhorst Calshot der Royal Air Force gehörte. 1947 erfolgte der Verkauf an einen Amerikaner Namens Irving Johnson, der das Schiff auf den Namen **YANKEE** umbenannte. Zugleich war sie etwas umgebaut worden und jetzt als Brigantine getakelt. Am 23. Juli 1964 ist sie schließlich während eines Sturms auf den Riffen vor Rarotonga/Cook-Islands gestrandet und zerschlagen worden.

Bauwerft: Nordseewerke, Emden.
Baunummer: 18.
Vermessung: 126 BRT.
Deplacement: ca. 260 t.
Länge über alles 29,3 m; Länge zwischen den Loten 24,5 m; Länge in der Konstruktionswasserlinie 26,39 m; Breite 6,5 m; Tiefgang 3,45 m; Seitenhöhe 3,9 m.
Ein Dieselhilfsantriebsmotor mit 80 PSe, eine Schraube.
Typ: Gaffelschoner.

ORION lief 1921 als niederländischer Lotsenschoner **ALBATROS** vom Stapel. 1931 wurde das Schiff als Yacht unter dem Namen **ORION** für die Lufthansa

Die **DUHNEN** unter Segeln, eine achterliche Aufnahme.

Die **ORION** unter Segeln. Verglichen mit der Größe eines Segelschulschiffes wird der Notbehelf klar sichtbar.

übernommen und wechselte 1933 als solche zum Segelschonerverband der Reichsmarine als Ersatz **NIOBE**. 1934 erfolgte die Rückgabe. Ab 1939 diente sie unter dem Namen **ALK** der deutschen Luftwaffe bei der Seefahrtschule Laboe. 1945 fiel sie als Beute den Briten zu, die sie später an die Niederländer zurückgaben. Erneut unter dem Namen **ALBATROS** gehörte sie ab 19. September 1949 als Schulschiff dem Koninkl. Rotterdam Lloyd. 1954 wechselte sie aber-mals den Besitzer und gehörte Ernest K. Garm. Am 2. Mai 1969 ist sie schließlich gesunken.

Bauwerft: Koninkl. Marinewerft, Amsterdam.
Vermessung: 97 BRT.
Länge über alles 35,66 m; Breite 6,34 m; Tiefgang 2,98 m; Seitenhöhe 3,2 m.
Ein Viertakt-Dieselmotor mit 100 PSe, eine Schraube.
Typ: Gaffelschoner mit 260 m² Segelfläche.

4. Nicht klagen — wieder wagen: Segelschulschiff GORCH FOCK

Natürlich hatte der Untergang der **NIOBE** die Reichsmarine schwer getroffen. Und sie stand nicht allein. Durch das deutsche Volk ging eine Welle der Solidarität und Hilfsbereitschaft. Die Preußische Staatsmünze prägte eine **NIOBE**-Gedenkmünze, ein »Flottenbund deutscher Frauen« sammelte namhafte Beträge, auch andere Institutionen und Gruppen taten gleiches. Der Erlös der Gedenkmünze und andere Spenden erbrachten mehr als 200.000 Reichsmark, Gelder, die der Marine höchst willkommen waren, hatte sie doch den festen Willen, ein neues Segelschulschiff zu bauen, und das gegen so manche Stimmen und Tendenzen, die davon abrieten. Es ging der Marine bei der Entscheidung für ein neues Schiff um das *DENNOCH*.

Am 2. Dezember 1932 wurde der Werft Blohm & Voss, Hamburg, der Bauauftrag für ein neues Segelschulschiff erteilt. Der Grund für den Zuschlag an diese Werft war, daß sie sich verpflichtete, das Schiff innerhalb von 100 Tagen fertigzustellen.

Die Kiellegung erfolgte am 14. Januar 1933, und knapp vier Monate später, am 3. Mai 1933, lief das Schiff im Beisein namhafter Persönlichkeiten vom Stapel. Die Taufrede hielt der Chef der Marineleitung, Admiral Raeder, die Taufe vollzog Frau M. Fröhlich, die Vorsitzende des »Flottenbundes deutscher Frauen«, durch deren Sammlungen erhebliche Geldmittel eingegangen waren. Als Ehrengast war anwesend Rudolf Kinau, der Bruder des Mannes, nach dem das neue Schiff benannt wurde: **GORCH FOCK**. Das Segelschulschiff **GORCH FOCK** erhielt seinen Namen nach dem Pseudonym des wohl bekanntesten norddeutschen Schriftstellers Johann Kinau (geboren am 22. August 1880 in Hamburg-Finkenwerder, gefallen am 1. Juni 1916 als Matrose an Bord des Kleinen Kreuzers **WIESBADEN** vor dem Skagerrak. Sein Leichnam wurde im August 1916 an der schwedischen Schäreninsel Stensholmen angespült und dort in einem schlichten Grab beigesetzt. Gorch Fock war der Sänger der »solten See«, sein bekanntestes Buch ist »Seefahrt ist not«).

Am 24. Juni 1933 erfolgte die Abnahmefahrt und am 27. Juni 1933 die Indienststellung. Eingehende Erprobungen wie Brennstoffmeßfahrten und Meilenfahrt wurden im Juli 1933 durchgeführt. Mit der Indienststellung wurde das Schiff der Inspektion des Bildungswesens der Marine als Segelschulschiff für Seekadetten und Unteroffizierschüler unterstellt.

Das Schiff versah seinen Ausbildungsdienst vorwiegend in den küstennahen Gewässern Deutschlands, in der Ost- und Nordsee, wobei es in den Jahren 1935 bis 1939 immer wieder die Seehäfen Travemünde, Flensburg, Pillau, Königsberg, Bremerhaven, Saßnitz, Bremen, Swinemünde, Hamburg, Cuxhaven und Wilhelmshaven anlief; aber auch seinen Heimathafen Kiel. Die Ostsee, das Kattegat und Skagerrak, aber auch die Deutsche Bucht mit Helgoland waren das hauptsächlichste Segelrevier.

Größere Reisen waren der **GORCH FOCK** bis auf wenige Ausnahmen nicht beschieden: Vom 21. - 27. Juli 1936 besuchte sie Dartmouth/Großbritannien. Dort wurde ihr und der Besatzung ein sehr kühler Empfang bereitet. Das Verhalten, insbesondere von seiten der Royal Navy, kam schon einem Eklat nahe. Grund dafür war die sich zu dieser Zeit bereits abzeichnende Haltung des Auslandes angesichts der bekanntgewordenen Praktiken in Deutschland gegenüber politisch Andersdenkenden und vor allem gegenüber den jüdischen Bevölkerungsteilen. Vom 5. - 9. Mai 1937 besuchte die **GORCH FOCK** Krageroe, vom 7. - 10. August 1937 Trangisvaag. In der Zeit vom 30. August - 4. September 1937 lag sie in Den Helder. Zwischen dem 29. April und Juni 1938 machte sie eine Nordlandreise und besuchte Ulvik (6. - 8. Mai) und Bodoe (21. - 24. Mai). Vom 6. April - Juni 1939 führte sie eine Atlantikreise durch, während der Funchal, Port of Spain, Trinidad, Port Castries und St. Lucia angelaufen wurden. Höhepunkte bei den Besuchen deutscher Häfen waren am 31. Mai 1935 der Aufenthalt in Stettin, wo sie zur Skagerrakgedenkfeier mit Parade auf dem Skagerrakplatz, gemeinsam mit dem Panzerschiff **ADMIRAL SCHEER** und der 1. und 2. Torpedoboot-Halbflottille festgemacht hatte. Anwesend waren unter anderem der Generalfeldmarschall von Mackensen, Vizeadmiral Foerster und Generalleutnant Blaskowitz. Am 13. Juni 1936 lag die **GORCH FOCK** anläßlich des Stapellaufs des neuen Segelschulschiffes **HORST WESSEL** in Hamburg.

Der Zweite Weltkrieg setzte den weiteren Aktivitäten ein vorläufiges Ende. Mit Kriegsbeginn wurde das Schiff der 1. M.L.A. (Marine-Lehrabteilung) als stationäres Schulschiff unterstellt. Zeitweilig diente sie auch als Büroschiff. Standort: Kiel. Später verlegte sie nach Stralsund.

Am 19. April 1944 stellte die **GORCH FOCK** erneut als Ausbildungsschiff in Dienst, kam jedoch kaum noch in Fahrt. Vom 26. April bis 1. Oktober 1944 hatte sie ihren ständigen Liegeplatz auf der Reede vor der Insel Vilm, zwischen dem 1. Oktober 1944 und 9. März 1945 lag sie nahe des Getreidesilos in Stralsund-Ballastkiste und schließlich vom 9. März bis 1. Mai 1945 vor Strelasund auf der Reede zwischen Andershof und der Insel Drigge.

Mit der Indienststellung 1944 wurde sie dem 1. Schiffs-Stammregiment in Stralsund unterstellt. Bis dahin hatte sie dem 2. Admiral der Ostsee unterstanden und schließlich erneut und nochmals der Inspektion des Bildungswesens der Marine. Zu ihrem Liegeplatz vor der Insel Vilm war sie geschleppt worden.

Mit Nahen der russischen Truppen erfolgte am 27. April 1945 ihre endgültige Außerdienststellung. An Bord verblieben lediglich ein Unteroffizier und acht Mannschaften. Diese zündeten in der Nacht zum 1. Mai 1945 die Sprengladungen, und am 1. Mai 1945 um 0055 Uhr sank das Schiff auf Grund. Die Nachrichten für Seefahrer vom 3. Oktober 1947 (herausgegeben unter Hoheit der Militärregierung) zeigte den Untergangsort an: 54°17,4' n / 13°8,1' o. Das Schiff wurde bis zum 16. September 1947 gehoben und im Anschluß in Rostock und Wismar wiederhergestellt. Dann erfolgte die Überführung nach der Sowjetunion. Die sowjetische Marine stellte das Schiff unter dem Namen **TOVARISČ** in Dienst.

Die Daten der GORCH FOCK

Bauwerft:	Blohm & Voss
Baunummer:	495
Typ:	Dreimastbark
Vermessung:	1330 BRT
Deplacement:	Konstruktion 1354 t, voll ausgerüstet 1545 t
Raumeinteilung:	VIII Abteilungen
Segelfläche:	1797 m²
Besatzung:	Stamm neun Offiziere, 59 Mann; Schüler 198
Größte Masthöhe:	41,6 m über Konstruktionswasserlinie
Größte Rahlänge:	24,6 m
	Die Stengen waren aus Pitchpine gefertigt, die Rahen und Gaffel aus Preußisch-Kiefernholz
Länge des Schiffes:	Vom Vorsteven zum Heck 73,6 m; über alles 82,1 m; Konstruktionswasserlinie 62 m.
Breite des Schiffes:	12 m
Tiefgang:	4,6 - 4,8 m
Hilfsmaschinenanlage:	1 M.A.N.-Sechszylinder-Viertakt-Dieselmotor, Typ M 6 V 30/38, mit 350 - 360 PSe und 520 U/min für 8 - 8,8 kn Fahrt
Fahrbereich:	3500 Sm: 8 kn 1 dreiflügelige Schraube
Brennstoffvorrat:	24 m³ Dieselkraftstoff
Seitenhöhe:	7,3 m
Stabilität:	Zur besseren Stabilität bzw. zur Erhöhung dieser befand sich Ballast an Bord, der so gestaut war, daß er auch bei Schräglagen bis zu 90° nicht verrutschen konnte.
Bewaffnung:	Keine, erst nach Kriegsausbruch bis zu acht 20-mm-Flak an Bord.

Hinweis: Ein Bericht über die Sprengung und Hebung der **GORCH FOCK** vor Stralsund 1945 - 1947 ist in einem Nachtrag auf S. 138 ff. abgedruckt.

Die Kommandanten der GORCH FOCK				
KptzS	Mewis, Paul	Juni 1933	- März 1935
KKpt/FKpt	Thiele, August	März 1935	- September 1936
unbesetzt		September 1936	- Dezember 1936
KKpt/FKpt	Rogge, Bernhard	Dezember 1936	- Januar 1938
unbesetzt		Januar 1938	- März 1938
KKpt/KptzS	Kähler, Otto	März 1938	- September 1939
unbesetzt		September 1939	- April 1944
Kptlt	Kahle, Wilhelm	April 1944	- April 1945

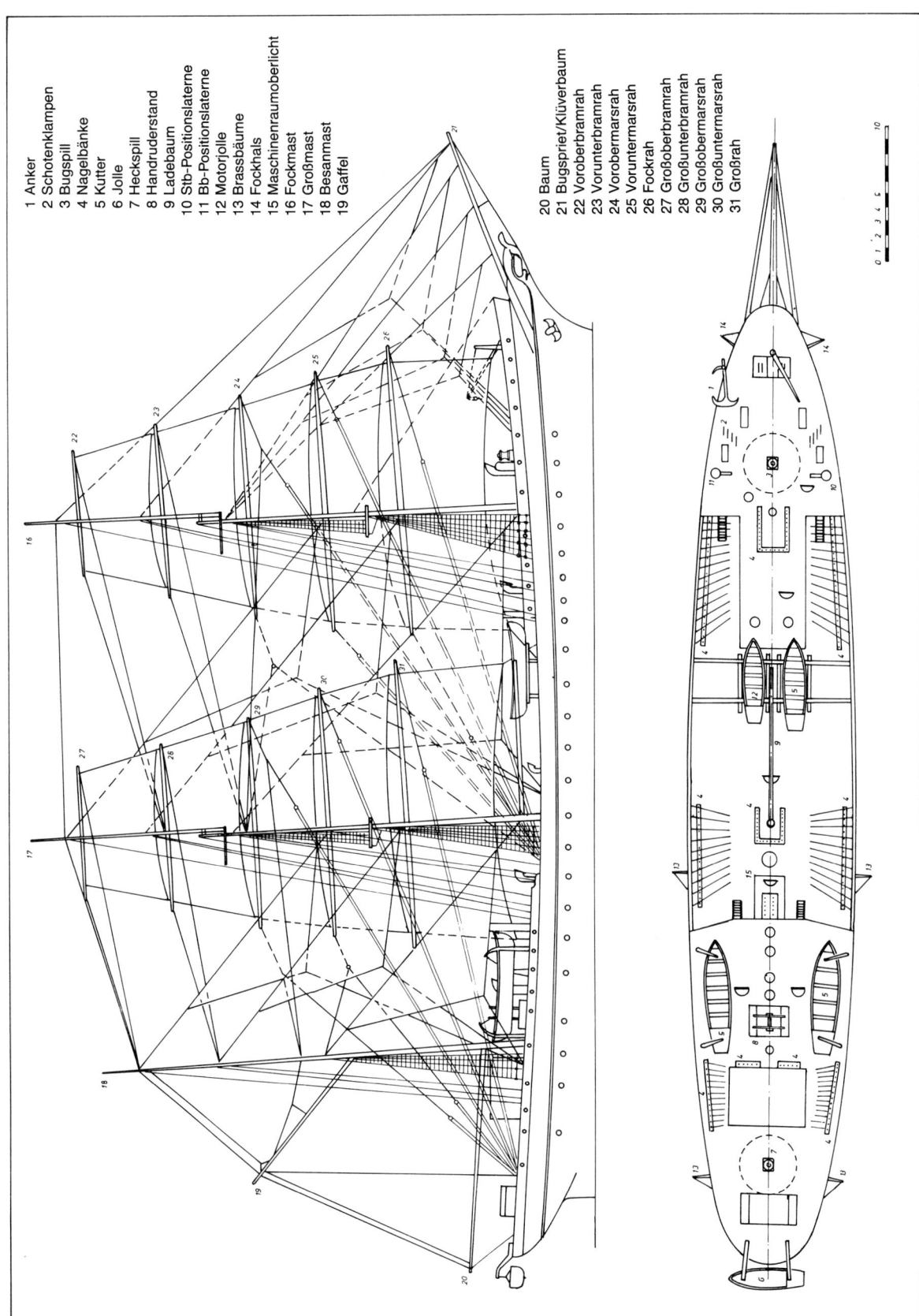

1 Anker
2 Schotenklampen
3 Bugspill
4 Nagelbänke
5 Kutter
6 Jolle
7 Heckspill
8 Handruderstand
9 Ladebaum
10 Stb-Positionslaterne
11 Bb-Positionslaterne
12 Motorjolle
13 Brassbäume
14 Fockhals
15 Maschinenraumoberlicht
16 Fockmast
17 Großmast
18 Besanmast
19 Gaffel

20 Baum
21 Bugspriet/Klüverbaum
22 Voroberbramrah
23 Vorunterbramrah
24 Vorobermarsrah
25 Voruntermarsrah
26 Fockrah
27 Großoberbramrah
28 Großunterbramrah
29 Großobermarsrah
30 Großuntermarsrah
31 Großrah

Segelschulschiff **GORCH FOCK**: Seitenansicht mit Segelplan/Takelriß und Draufsicht (schematisch)

37

◁ Der Namensgeber des neuen Segelschulschiffes: **GORCH FOCK**. Hier eine Aufnahme kurz vor der Skagerrakschlacht, in der er auf dem Kleinen Kreuzer **WIESBADEN** den Tod fand.

Seite 39 oben: Die **GORCH FOCK** während der Probefahrten, hier mit Motorantrieb. ▷

Seite 39 unten: Die **GORCH FOCK** in Kiel, an der Blücherbrücke liegend, aufgenommen von Bord des Panzerschiffes **DEUTSCHLAND**. Rechts vom Segelschulschiff der heute nicht mehr vorhandene Signalturm aus der Zeit der Kaiserlichen Marine. ▷

Die schwedische Insel Stensholmen, eine unter vielen kleinen Schäreninseln vor der Küste, letzte Ruhestatt von Johann Kinau, genannt Gorch Fock. Hier wurde seine Leiche im August 1916 angetrieben und hier wurde er in einem schlichten Grab beigesetzt. Die Landschaft und deren rauhe Umgebung entspricht sicherlich dem Charakter des Toten und ist eine würdige Ruhestätte. Auch die heutige Bundesmarine ehrt ihn durch Kranzniederlegungen der Besatzung der jetzigen **GORCH FOCK**.

Hochbetrieb an der Blücherbrücke in Kiel im Sommer 1935. Vorne die **GORCH FOCK** bei der Trockenausbildung im Segelsetzen und -bergen. Dahinter der Leichte Kreuzer **KÖLN**, hinter diesem das Panzerschiff **ADMIRAL SCHEER**, ganz außen schließlich der alte Kleine Kreuzer **BERLIN** zu dieser Zeit bereits als Wohnschiff dienend. Die Aktivitäten galten offensichtlich der Vorbereitung zur sogenannten »Marine-Volkswoche«.

Eine vorliche Aufnahme der **GORCH FOCK** unter Segeln.

Marine-Volkswoche im Sommer 1935 in Kiel. Hier ein Blick auf den Bugspriet der **GORCH FOCK** mit Galion, dahinter der Leichte Kreuzer **KARLSRUHE**. Alle Einheiten führen vollen Flaggenschmuck. Die sichtbaren Flugzeuge wurden offensichtlich hineinretouchiert.

Die **GORCH FOCK** an der Pier, hier sieht man die Backschafter beim Reinigen des Backsgeschirrs, eine Arbeit, die in See stets mit Seewasser durchgeführt wurde, denn Frischwasser war knapp.

Drei Aufnahmen vom April 1975. Sie zeigen die ehemalige **GORCH FOCK** als sowjetisches Segelschulschiff **TOVARIŠČ**, aufgenommen vom Versorger **NIENBURG**.

Die **TOVARIŠČ** vor der Skyline von New York. Das Schiff ist bei fast allen repräsentativen Anlässen dabei.

5. Die zweite Generation — die Halbschwestern: Segelschulschiffe HORST WESSEL und ALBERT LEO SCHLAGETER

Der mit Abschluß des deutsch-britischen Flottenabkommens vom 18. Juni 1935 nunmehr voll legitimierte Wiederaufbau einer deutschen Flotte zwang die Marineführung dazu, die Ausbildung zu forcieren. Es genügte nicht, neue Schiffe zu bauen, diese mußten ja auch bemannt werden. Und dazu war gut ausgebildetes und qualifiziertes Personal nötig.

So kam es, daß die Werft Blohm & Voss erneut den Auftrag für ein Segelschulschiff erhielt, dem wenig später der für ein zweites folgte und schließlich noch für ein drittes.

Die Namensgebung dieser Schiffe hatte wenig Bezug auf die sonst gepflegte Tradition in der deutschen Marine. Das zweite — auch das dritte, nicht mehr fertiggestellte Schiff — erhielten Namen, die in enger Beziehung zum nationalsozialistisch geprägten Staat standen. Es ist denkbar, daß diese Entscheidung nicht ganz ohne Zutun der Staatsführung geschah. Zweifellos hat aber auch der Gedanke der Nachwuchswerbung eine Rolle gespielt. Mit der Namensgebung verfolgte man wohl auch das Ziel, große Teile der begeisterungsfähigen deutschen Jugend auf die See hinzuweisen und sie so zu motivieren, in die Kriegsmarine einzutreten. Ähnliches geschah ja im großen Maße von seiten der neu entstandenen Luftwaffe.

HORST WESSEL, eine verbesserte Weiterentwicklung der **GORCH FOCK,** lief am 13. Juni 1936 vom Stapel. Sie wurde nach dem 1907 geborenen und 1930 ermordeten Berliner SA-Sturmführer Horst Wessel benannt, der schon sehr früh als Student der NSDAP beigetreten war und auch das bekannte Horst-Wessel-Lied dichtete, das später beim Abspielen und Absingen des Deutschlandliedes als quasi 2. Nationalhymne angehängt wurde.

Am 17. Juni 1936 wurde das Schiff mit einer kleinen Besatzung nach Kiel überführt. Dort begann am 20. September 1936 die Auffüllung. Das Segelschulschiff wurde der Inspektion des Bildungswesens der Marine

unterstellt. Was die Ausbildung betrifft, so verhielt es sich mit diesem Schiff ähnlich wie bei der **GORCH FOCK.** Sie machte nur wenige Reisen, unter anderem nach Las Palmas, Norwegen, Edinburgh und Westindien.

Mit Kriegsbeginn wurde die **HORST WESSEL** in Kiel aufgelegt und stationär der 1. M. L. A. zugeteilt. Ab Mai 1940 erfolgte die Unterstellung unter die 7. SStA (Schiffs-Stammabteilung), gleichzeitig diente sie der Marine-Hitlerjugend für Ausbildungszwecke, wozu sie am 20. Mai 1940 für kurze Zeit nach Stralsund verlegt wurde. Nach Aufstellung eines Kommandostabes 2. Admiral der Flotte im Januar 1941 wurde sie bis zum 21. Mai 1941 Beischiff des Flottentenders **HELA,** im Anschluß erneut stationäres Ausbildungsschiff für die 1. M. L. A. in Kiel. Die letzte Indienststellung als Ausbildungsschiff fand mit dem 18. April 1943 statt.

Mit Kriegsende 1945 wurde das Schiff Beute der Siegermächte und den USA zugesprochen. Im Sommer dieses Jahres wurde sie nach Wilhelmshaven überführt, wo von seiten der Marinewerft kleinere Instandsetzungen durchgeführt wurden. Am 22. Dezember 1945 hat man sie nach Bremerhaven in die dortige U. S. Naval Base im ehemaligen Kaiserhafen und Stützpunkt der deutschen Marine überführt; im Frieden Heimat von Zerstörern.

Von Bremerhaven aus startete dann die Überführung in die USA. Für diesen Zweck hatte man von der ursprünglichen Stammbesatzung 40 Mann wieder an Bord geholt. Nach einer weiteren Überholung in der Rickmers-Werft und der Einschiffung amerikanischer Besatzungsangehöriger lief das Schiff dann mit ca. 160 Mann Besatzung mit Kurs auf die Vereinigten Staaten aus. Während dieser Reise gab es viel Ärger, die amerikanischen Seeleute kamen nicht so ganz klar mit dem Schiff. Obwohl man zuvor alles Laufende und Stehende Gut mit englischen Bezeichnungsschildchen versehen hatte, gab es immer wieder falsche Handhabungen —, um es milde auszudrücken. Auch in die Masten wollte keiner von ihnen klettern, und selbst mit dem Ankern kam der amerikanische Bootsmann nicht klar. In letzter Sekunde konnte ein Ausrauschen der Ankerkette verhindert werden. So stand die am 30. Mai 1946 begonnene Ausreise von Bremerhaven unter keinem guten Stern. Die Fahrt ging über Falmouth/Großbritannien, Funchal/Madeira nach Hamilton/Bermudas. Die Passage des Ärmelkanals wurde mit Schlepperhilfe durchgeführt. Der Grund dafür war zum einen die noch immer akute Minengefahr und zum anderen in Verbindung damit das nur erlaubte Durchfahren des Zwangsweges — für ein Segelschiff so gut wie unmöglich!

Von Hamilton aus nahm das Schiff Kurs auf New York. Diese am 5. Juli 1946 begonnene Überfahrt war alles andere als schön, schon zwei Tage später, am 7. Juli befand sich die **HORST WESSEL** mitten in einem Hurrican, den sie mit Schräglagen bis 45° und total zerfetzten Segeln überstand. Schließlich lief sie glücklich in New York ein.

Nach einer weiteren Werftüberholung stellte das Schiff schließlich unter dem Namen **EAGLE** für die U.S. Coast Guard in Dienst. Als Galionsfigur trägt sie weiterhin den Adler, das Wappentier der USA, Eagle genannt, allerdings in der amerikanischen Konfiguration, wesentlich kleiner als das überdimensionierte ehemals nationalsozialistische Emblem. Die **EAGLE** tritt nur wenig an die Öffentlichkeit. Ihr Heimathafen ist New London. Nur einmal jährlich stellt sie für ein Vierteljahr in Dienst, meistens für die Teilnahme an irgendeiner Großveranstaltung in den USA. An den kontinuierlich stattfindenden weltweit bekannten Regatten, wie der »Operation Sail«, dem Windjammertreffen der Sail Training Association ist sie nahezu nie beteiligt.

Die Daten der HORST WESSEL

Bauwerft:	Blohm & Voss
Baunummer:	508
Kiellegung:	15. Februar 1936
Typ:	Dreimastbark, im Unterschied zur GORCH FOCK am Besanmast drei Gaffeln
Deplacement:	Konstruktion 1634 t, voll ausgerüstet 1750 t
Segelfläche:	1974 m^2
Besatzung:	Stamm neun Offiziere, 62 Mann Schüler 220
Länge des Schiffes:	Konstruktionswasserlinie 70 m, über alles 89 m
Breite des Schiffes:	12 m
Tiefgang des Schiffes:	5 m
Hilfsmaschinenanlage:	1 M.A.N.-Achtzylinder-Viertakt-Dieselmotor, Typ M 8 V 30/38, mit 750 PSe bei 520 U/min für 10 kn Fahrt 1 vierflügelige Schraube mit 2,5 m Durchmesser
Brennstoffvorrat:	39 m^3 Dieselkraftstoff
Stabilität:	wie GORCH FOCK
Bewaffnung:	keine, ab Kriegsausbruch bis zu acht 20-mm-Flak an Bord

Die Kommandanten der HORST WESSEL

(März - Mai 1940 und Mai 1941 - April 1943 Ausbildungsleiter)

FKpt/KptzS	Thiele, August	September 1938 - Januar 1939
KKpt	Weyher, Kurt	Januar 1939 - September 1939
Kptlt	Kretzschmar, Martin	März 1940 - Mai 1940
Kommandant unbekannt		Januar 1941 - Mai 1941
KKpt/ FKpt d. R.	Eiffe, Peter Ernst	Mai 1941 - November 1942
Kplt	Schnibbe, Berthold	November 1942 - Mai 1945

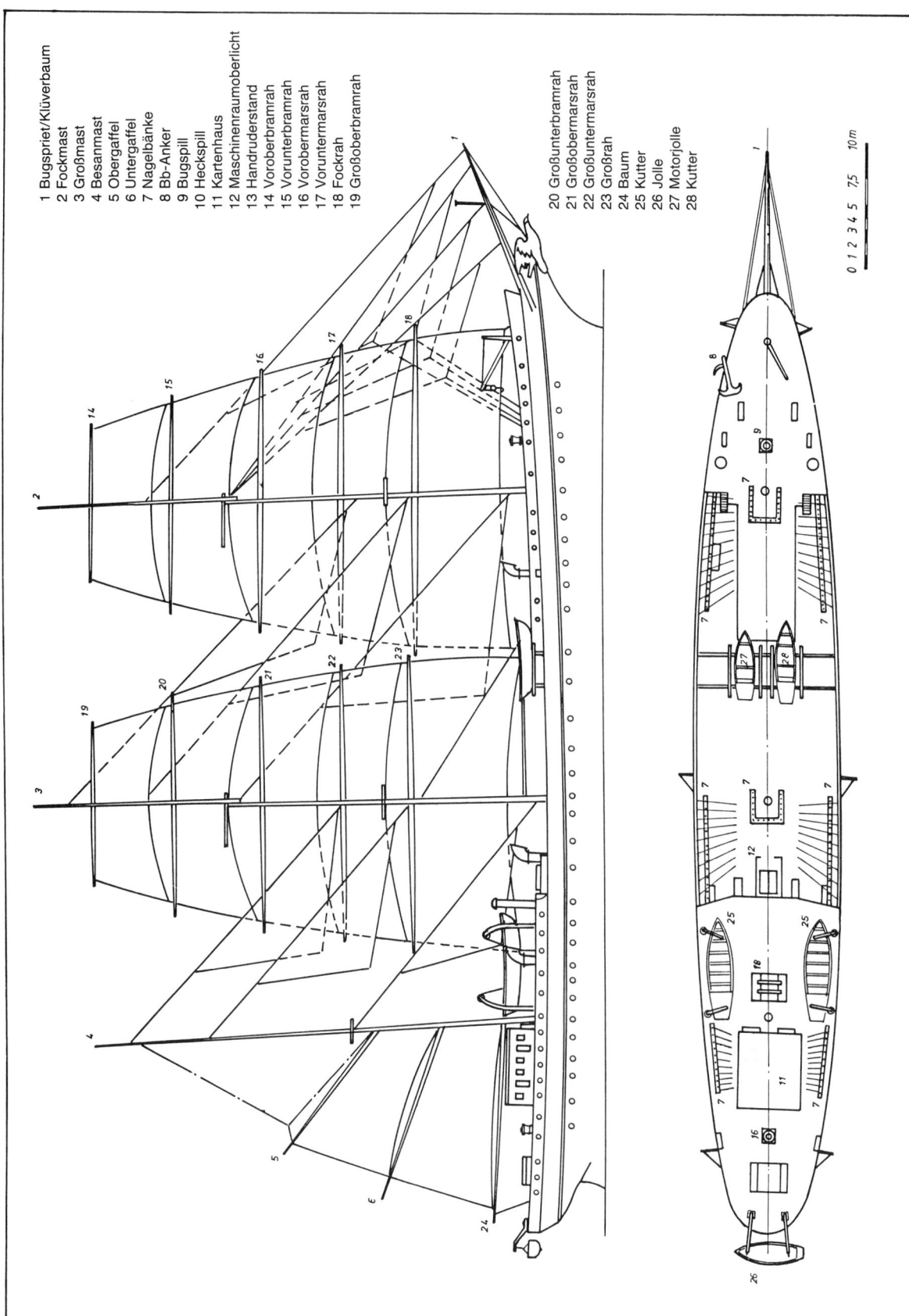

1 Bugspriet/Klüverbaum
2 Fockmast
3 Großmast
4 Besanmast
5 Obergaffel
6 Untergaffel
7 Nagelbänke
8 Bb-Anker
9 Bugspill
10 Heckspill
11 Kartenhaus
12 Maschinenraumoberlicht
13 Handruderstand
14 Voroberbramrah
15 Vorunterbramrah
16 Vorobermarsrah
17 Voruntermarsrah
18 Fockrah
19 Großoberbramrah

20 Großunterbramrah
21 Großobermarsrah
22 Großuntermarsrah
23 Großrah
24 Baum
25 Kutter
26 Jolle
27 Motorjolle
28 Kutter

0 1 2 3 4 5   7,5   10 m

Segelschulschiffe **HORST WESSEL/ALBERT LEO SCHLAGETER**: Seitenansicht mit Takelriß/Segelplan (schematisch) und Draufsicht

47

Stapellauf der **HORST WESSEL**.

Die **HORST WESSEL** unter Segeln.

Ausbildung der Crew an Bord der **HORST WESSEL**, eine achterliche Aufnahme.

Gerade bei Schlechtwetter bedarf es oft vielhändiger Kraft, um den Gewalten des Windes und des Wassers Herr zu werden. Das gilt nicht nur beim Bergen oder Setzen der Segel, sondern auch bei der Ruderführung, hier mit sechs Mann.

Kiel, Blücherbrücke: Alle drei Segelschulschiffe haben festgemacht. Von links: GORCH FOCK, ALBERT LEO SCHLAGETER, HORST WESSEL.

Die **HORST WESSEL** mit eingenommenen Segeln in See. In diesem Falle erfolgte der Antrieb
durch den eingebauten Hilfsdieselmotor.

Ausbildung in See, von links die
HORST WESSEL, schräg davor
die **GORCH FOCK**.

Die **HORST WESSEL** auslaufend Kiel im Sommer 1940, aufgenommen aus dem Vormars des Schweren Kreuzers **ADMIRAL HIPPER**. Dahinter ist der Aviso **GRILLE** zu sehen.

Die **HORST WESSEL** während der Auslieferungsfahrt nach den USA. Hier liegt sie aufgrund eines Zwischenaufenthaltes in Funchal/Madeira vor Anker.

Die frühere **HORST WESSEL** nunmehr in Fahrt für die U.S. Coast Guard mit Namen **EAGLE**. Beachte, daß am Besanmast nur noch eine Gaffelstenge vorhanden ist.

ALBERT LEO SCHLAGETER war das völlig identische Schwesterschiff der HORST WESSEL; sie wurde ebenfalls bei Blohm & Voss gebaut. Ihr Stapellauf erfolgte am 30. Oktober 1937, die Taufe durch den Inspekteur des Bildungswesens der Marine, Admiral Saalwächter. Namensgeber war der 1894 geborene Albert Leo Schlageter, im Ersten Weltkrieg als Offizier an der Front und unmittelbar im Anschluß Angehöriger eines der zahlreichen aus Freiwilligen gebildeten Freikorps. Nachdem die Franzosen — selbst dem Versailler Vertrag gegenüber widerrechtlich! — im Jahr 1923 das Ruhrgebiet besetzt hatten und die deutsche Regierung darauf mit passivem Widerstand reagierte, wurden in diesem Gebiet zahlreiche frühere Freikorpskämpfer aktiv, indem sie immer wieder Anschläge gegen die Abtransporte deutscher Kohle nach Frankreich verübten. Einer dieser Männer war Albert Leo Schlageter. Er fiel durch Verrat den Franzosen in die Hände und wurde am 26. März 1923 in der Golzheimer Heide bei Düsseldorf auf Grund eines französischen Militärgerichtsspruchs erschossen. Anders als Horst Wessel (die Idolfigur der NSDAP), galt er als Märtyrer für große Teile Deutschlands.

Am 14. Februar 1938 stellte die ALBERT LEO SCHLAGETER als Segelschulschiff für Offizier- und Unteroffizieranwärter in Dienst; sie wurde der Inspektion des Bildungswesens der Marine unterstellt.

Auch diesem Schiff waren nur wenige Reisen beschieden, sein Haupttätigkeitsgebiet blieb vornehmlich auf die näheren und weiteren deutschen Küstengewässer beschränkt. Am 19. März 1938 trat das Segelschulschiff eine Südamerikaausbildungsreise an, die bereits am 23. März im Ärmelkanal endete. Infolge einer Kollision mit dem britischen Dampfer TROJANSTAR war es zur Umkehr gezwungen und kehrte nach Hamburg zur Werftinstandsetzung zurück. Anfang April trat die ALBERT LEO SCHLAGETER dann doch die Reise an, am 28. Juni 1938 war sie zurück in Kiel. Im November 1938 folgte ein Besuch in Kopenhagen, und am 1. April 1939 weilte sie anläßlich des Stapellaufs des neuen Schlachtschiffes TIRPITZ in Wilhelmshaven. Am 5. April 1939 begann eine weitere Ausbildungsreise mit dem Ziel Santa Cruz de Tenerife, Reife und Pernambuco. Im Juni 1939 war sie zurück in Kiel. Mit Kriegsausbruch wurde sie — wie ihr Schwesterschiff HORST WESSEL — stationäres Ausbildungsschiff und Büroschiff bei der 1. M.L.A. Erst im Januar 1944 wurde sie in Dienst gestellt, um als Segelschulschiff

Verwendung im Ausbildungsverband der Flotte zu finden. Dabei lief sie am 14. November 1944, abends um 2050 Uhr bei Kasala im Bottnischen Meerbusen (andere Quellen geben an vor Saßnitz) auf eine Mine. Der Treffer forderte 15 Tote. Das Schiff wurde über das Heck vom Schwesterschiff HORST WESSEL nach Swinemünde eingeschleppt, von dort weiter nach Kiel, Rendsburg und schließlich Flensburg verlegt. 1945 wurde sie Beute der Siegermächte und den USA zugesprochen. Gemeinsam mit der HORST WESSEL verlegte sie im Sommer 1945 nach Wilhelmshaven und verließ den Hafen am 22. Dezember 1945 zur Überführung nach Bremerhaven. Von dort aus trat sie — wie die HORST WESSEL — die Reise nach den USA an. Da der Bedarf der U.S. Navy mit der HORST WESSEL gedeckt war, wurde die ALBERT LEO SCHLAGETER im Jahre 1947 an Brasilien abgegeben, wo das Schiff als GUANABARA für die brasilianische Marine in Dienst stellte. Anscheinend überstieg das Schiff die Vorstellungen dieser Marine und deren Möglichkeiten, so daß es im Jahre 1961 erneut den Besitzer wechselte. Es wurde von Portugal erworben, und stellte als SAGRES für die portugiesische Marine in Dienst. Dort befindet sie sich noch immer in Fahrt und nimmt an zahlreichen Regatten teil. Ihr Heimathafen ist Lissabon.

Die Kommandanten der ALBERT LEO SCHLAGETER

FKpt	Rogge, Bernhard	Februar 1938	- September 1939
KptzS	Asmus, Joachim	Januar 1944	- November 1944
unbesetzt		November 1944	- April 1945
KKpt	Reckhoff, Johann	April 1945	- Mai 1945

Die Daten der ALBERT LEO SCHLAGETER

Wie → HORST WESSEL;
Abweichungen: Besatzung 78 Mann Stamm,
211 Schüler
Segelfläche 1934 m^2
Bewaffnung ab 1939 zunächst zwei 20-mm-Flak, später weitere 20-mm-Flak
Baunummer: 515

Zwei Aufnahmen des Segel-
schulschiffes **ALBERT LEO
SCHLAGETER** unter Segeln.

55

Kiel, Blücherbrücke. Von rechts sind zu erkennen: **ALBERT LEO SCHLAGETER, GORCH FOCK, HORST WESSEL.** Auf der **ALBERT LEO SCHLAGETER** findet gerade Trockenausbildung statt.

Zwei Aufnahmen der **ALBERT LEO SCHLAGETER** unter Segeln.

Sommer 1945. Mit den zahlreichen Kriegsschiffen der Kriegsmarine, die nach der Kapitulation nach Wilhelmshaven verlegten, machten auch die **HORST WESSEL** und **ALBERT LEO SCHLAGETER** dort fest. Hier sieht man beide im Päckchen an der Seydlitzbrücke (Fliegerdeich) des Großen Hafens liegend. Im Dezember 1945, nach Zuspruch zugunsten USA, verlegten sie zunächst nach Bremerhaven, von wo dann die Überführung angetreten wurde.

Da die USA an zwei Segelschulschiffen nicht interessiert waren, wurde die **ALBERT LEO SCHLAGETER** an die brasilianische Marine verkauft, die das Schiff unter dem Namen **GUANABARA** in Dienst stellte. Hier ist sie beim Passieren der Freiheitsstatue in New York zu sehen.

58

Endgültig verblieb die **ALBERT LEO SCHLAGETER** dann in Portugal. Die portugiesische Marine erwarb das Schiff und stellte es als **SAGRES** in Dienst. Die Aufnahme zeigt die **SAGRES**.

6. Die Unvollendete: Segelschulschiff IV (Herbert Norkus)

Sie war die dritte Halbschwester der **GORCH FOCK** und ebenso wie die **ALBERT LEO SCHLAGETER** völlig identisch mit dieser und der **HORST WESSEL**. Daß die Marine ein weiteres Segelschulschiff in Auftrag gegeben hatte, ist ein Beweis dafür, daß die Absicht bestand, eine große Flotte zu bauen, für die es galt, schon rechtzeitig das benötigte Führungspersonal auszubilden. Der sogenannte »Z-Plan« sah bekanntlich vor, daß etwa 1945 der Aufbau der Flotte abgeschlossen sein sollte.

Das mit der Baunummer 524 bei Blohm & Voss begonnene Schiff wurde nie fertiggestellt. Da der inzwischen ausgebrochene Zweite Weltkrieg andere Maßstäbe setzte — der U-Bootbau hatte Vorrang — wurde der Neubau stillgelegt, und da die Helligen für andere Bauten freigemacht werden mußten, erfolgte am 7. November 1939 ein Notstapellauf (ohne Taufe). Der Schiffskörper wurde später nach Derby/Aarhus in Dänemark geschleppt, wo man nicht recht wußte, ob ein Weiterbau bzw. die Fertigstellung noch erfolgen sollte. Es ging nur schleppend voran, d.h., es wurde so gut wie nichts getan. Mit dem 18. Januar 1945 erfolgte schließlich der endgültige Baustopp. Der Schiffskör-per wurde Beute der Siegermächte und endgültig, mit Gasmunition beladen, im Jahre 1947 im Skagerrak versenkt.

Namensgeber des Schiffes sollte ein 1917 geborener und 1932 bei den tagtäglich in Berlin stattfindenden Straßenschlachten zwischen Angehörigen der NSDAP und der KPD ums Leben gekommener Hitlerjunge sein, dessen Leben und Tod in dem später gedrehten Spielfilm »Hitlerjunge Quex« glorifiziert wurde. Beim sogenannten »Stapellauf« waren nur Parteispitzen anwesend. Die Hilfsantriebsanlage war noch nicht installiert, hingegen die Untermasten gesetzt. Die gesamte Takelage war auch bereits vorhanden, aber sie befand sich noch nicht an Bord. Zu Beginn des Zweiten Weltkrieges lag das Schiff in der Bauwerft, hatte einen braunen Anstrich und diente Baubelehrungseinheiten als Wohnschiff. Später wurde es grau über alles gestrichen. Da es im Verlauf des Krieges einige Bombenschäden erhalten hatte, wurde es, zwar ebenfalls Beute der Siegermächte, nicht mit verteilt, sondern fand das bereits erwähnte Schicksal. Eigentlich war es Brasilien angeboten worden, das wegen des Allgemeinzustandes jedoch verzichtete, wohl auch ein Grund dafür, daß die **ALBERT LEO SCHLAGETER** nach dort ging.

Die Aufnahme zeigt den (Not-) Stapellauf der **HERBERT NORKUS**. Die Taufe auf diesen Namen ist offenbar nie erfolgt.

7. Notlösungen: Weitere und stationäre Segelschulschiffe 1939-1945

Natürlich war die Kriegsmarine bestrebt, außer auf den regulären Segelschulschiffen auch weitere Fahrzeuge dieser Art zwecks Ausbildung ihres Offizier- und Unteroffiziernachwuchses zu verwenden.
Dazu gehörten auch Segelschiffe kleineren Typs, ähnlich der Zeit zwischen dem Verlust der **NIOBE** und der Indienststellung der **GORCH FOCK**, und dazu zählen eine Reihe weiterer und größerer Einheiten, die im Verlauf des Zweiten Weltkrieges entweder in Charter oder als Beute in den Dienst der Kriegsmarine traten.

Name	Typ	Bauwerft Baujahr	Daten	Bemerkungen
ALBATROS	Gaffelschoner	G. Raven, Apenrade 1868	38 BRT Länge 22 m Breite 5,24 m 1 Dieselmotor 260 m² Segelfläche	Stapellauf 1869 als Zollkreuzer **ADLER**, 1912 erworben vom Kaiserlichen Yachtclub und Umbau, umbenannt in **ALBATROS**. 1925 in Fahrt für DH. »Hansa« und ab 1. Mai 1940 der Inspektion des Bildungswesens der Marine unterstellt. Ab 1. April 1943 der Marine-SA für Schulungszwecke übergeben und ab 12. Januar 1944 dem Admiral der Kriegsmarine-Dienststelle Hamburg zugeteilt. Ab 23. März 1944 der Marineschule Mürwik zugehörig. Nach einer Havarie am 28. August 1944 aufgelegt. Am 25. Januar 1945 verkauft an Privateigner, später als Fischereifahrzeug in Fahrt. Nach einer Havarie im Herbst 1949 bei Rügen nach Eckernförde eingebracht und Anfang 1950 abgebrochen.
ADMIRAL VON TROTHA	Dreimastschoner	Skrubbens Vaerft, Krageröy 1919	330 BRT, ~ 800 t Länge 41,17 m Breite 8,66 m Tiefgang 3,76 m 1 Bolinder-Zweizylinder-Zweitaktdieselmotor 1 Schraube	Stapellauf 17. Januar 1919 und in Fahrt als norwegischer Dreimastschoner **NOATUM**. 1922 schwedisch und ab 1925 estnisch. Umbenannt in **FÜNF SCHWESTERN**, später **VIIS ÖDE**. Ab 1934 wieder schwedisch, jetzt mit Namen **MAJ**. 1938 nach Deutschland verkauft und in Fahrt als **EGERLAND** für Privateigner. 1939 dem Reichsverkehrsministerium unterstellt und umbenannt in **ADMIRAL VON TROTHA**, stationäres Segelschulschiff in Lauterbach/Rügen für Reichsparteischule III und Marine-Hitlerjugend. 1941 verlegt nach Ziegenort/Stettin und im März 1945 in Barth liegend. Später als Brennholz abgebrochen.
JURNIEKS	Schoner	K. Skaaluren, Hardanger 1904	142 BRT, ~ 350 t Länge 29,56 m Breite 7,21 m Tiefgang 2,77 m 1 Hilfsmaschine mit 60 PSe	Stapellauf 1904 als norwegisch **IDEAL**, ab 28. Februar 1914 deutsch **SENTA**, für Privateigner in Fahrt. Mit dem 19. Mai 1925 unter dem Namen **LUCHS** in Fahrt für Reederei Miechielsen & Spießen und ab 11. Januar 1926 für die Ostsee-Reederei & Handelsgesellschaft. 1926 wegen Alkoholschmuggel von der lettischen Marine aufgebracht und beschlagnahmt. In Dienst für die lettische Marine als **LUX**, ab 1930 als Schulschiff **JURNIEKS**. 1940 von den Sowjets übernommen und am 4. Juli 1941 deutsche Beute in Riga. Ab 1943 in Dienst für die Marineschule Mürwik, wo sie auch 1947 noch lag, allerdings ohne Takelage.
PADUA	Viermastbark	Joh. C. Tecklenborg, Geestemünde 1926	3064 BRT, 2678 NRT ~ 6400 t, 4600 tdw 3185 Thames Tons Länge in der Konstruktionswasser-	Stapellauf am 24. Juni 1926, Baunummer 408. Das Schiff gehörte zur legendären Klasse der »Flying P. Liners« der Hamburger Reederei F. Laeisz, die von der damaligen weltbekannten Tecklenborg-Werft gebaut wurde. Zu dieser Klasse — wenn auch mit kleinen Abweichungen — zählten

Name	Typ	Bauwerft Baujahr	Daten	Bemerkungen
			linie 97,68 m Länge über alles 114,5 m Breite 14,07 m Tiefgang 7,76 m Seitenhöhe 6,48 m Segelfläche 3400 m² Besatzung Stamm 30 Schüler 6 Offiziere 44 Mann Bewaffnung ab 1941 vier 20-mm-Flak 18 Rahen: Länge Unterrahen 29,3 m; Unterbramrahen 21,7 m; Untermarsrahen 27,2 m; Oberbramrahen 18,3 m; Obermarsrahen 24,4 m; Royalrahen 14,7 m. Flaggenkopftopp 56 m über Kiel.	unter anderem die **PEKING, PASSAT, PAMIR, PRIWALL**. Im August 1926 stellte die **PADUA** in Dienst (Rufzeichen RFVQ, später DIRR), nachdem das Schiff zur Endausrüstung, d. h. zum Aufriggen nach Blohm & Voss überführt worden war. Die Bauwerft hatte keine erfahrenen Takler mehr. Die Jungfernreise führte von Hamburg nach Chile und dauerte 87 Tage. Weitere Reisen folgten. Während der sechsten Fahrt riß in einem Nordsturm die Vorstenge mit Royal und beiden Bramrahen weg und sechs Mann über Bord. Die letzte Reise begann am 3. April 1939 in Port Lincoln/Australien, um Kap Hoorn herum nach Großbritannien und endete am 8. Juli 1939 in Glasgow. Von dort lief die **PADUA** zurück nach Deutschland und erreichte die Heimatgewässer rechtzeitig kurz vor Kriegsausbruch. 1941 wurde sie von der Kriegsmarine als Segelschulschiff übernommen. Bis 1939 fuhr sie als sogenanntes frachttragendes Schulschiff, betrieb also neben ihrer Tätigkeit als Frachtsegler auch Ausbildung von Offizieranwärtern und Schiffsjungen der Handelsmarine. Nach der Übernahme in die Kriegsmarine machte sie noch einige kurze Ausbildungsfahrten in der Ostsee und wirkte als Statist bei zwei Filmen mit (Herz geht vor Anker und Große Freiheit Nr. 7). Im Mai 1945 lag das Schiff in Flensburg und wurde Beute der Siegermächte, die es nach Hamburg zur Werftüberholung verlegten. Am 20. Dezember 1945 wurde es der Sowjetunion zugesprochen, verlegte nach Kiel und von dort am 9. Januar 1946 mit deutscher Besatzung nach Swinemünde, wo am 12. Januar die offizielle Übergabe erfolgte. Das Schiff wurde in Leningrad einem Umbau unterzogen und mit Indienststellung umbenannt in **KRUZENSHTERN**. Generaladmiral Adam Johann Ritter von Krusenstern war ein baltendeutscher Seemann und Forscher und stand im Dienst des russischen Zaren. Von 1803 - 1806 machte er die erste russische Weltumsegelung. Mit Indienststellung wurde die **KRUZENSHTERN** Ausbildungsschiff des Ministeriums für Fischwirtschaft mit dem Heimathafen Riga. In den 70er Jahren lag das Schiff zu einer 70tägigen Grundüberholung in Emden bei den Thyssen-Nordseewerken. 1975 nahm es an der »Operation Sail - Amsterdam 1975« teil und wurde auch bei weiteren Veranstaltungen dieser Art immer wieder willkommen geheißen.
KAPITÄN HILGENDORF	Fünfmastschoner	William Lyall Shipbuilding Co., North Vancouver 1918	1471 BRT, ~ 3400 t Länge 73,95 m Breite 13,51 m Tiefgang 5,67 m Seitenhöhe 6,45 m 2 Scandia-Vierzylinder-Zweitakt-Dieselmotor mit 650 PSe für 8 kn 2 dreiflügelige Schrauben, 2200 m² Segelfläche Als Segelschulschiff Stammbesatzung 14 Schüler 37	Stapellauf September 1918 und in Dienst als kanadischer Fünfmastschoner **CAP NORD**. 1919 wurde das Schiff britisch, 1924 dänisch. Ab 1935 fuhr es als Schulschiff der polnischen Handelsmarine unter dem Namen **ELEKMA**, wechselte 1937 erneut den Besitzer, jetzt war das Schiff amerikanisch und führte den Namen **ANDROMEDA**. Am 9. Februar 1939 von Deutschland erworben, wurde es bei der Werft F. Frank in Hamburg umgebaut und stellte am 3. Juli 1939 in Dienst als stationäres Schulschiff der Handelsmarine, Liegeort Waltershofer Hafen in Hamburg. Es war dem Reichsverkehrsministerium unterstellt, und zwar der Reichsverkehrsgruppe Seeschiffahrt. 1942 wurde die **KAPITÄN HILGENDORF** Navigationsschulschiff der Kriegsmarine-Dienststelle Hamburg und verlegte nach Glückstadt. 1945 diente das Schiff als Hulk der HSDG (Hamburg-Südamerikanische-Dampfschiffahrt-Gesellschaft), 1947 als Leichter und wurde schließlich ab 1951 in Lübeck abgewrackt.

Name	Typ	Bauwerft Baujahr	Daten	Bemerkungen
MARCO POLO ex **JADRAN**	Toppsegel-schoner	H. C. Stülcken Sohn 1931	720 t, Länge in der Konstruktionswasser-linie 41 m, Länge über alles 58 m Breite 8,9 m Tiefgang 4 m Seitenhöhe 4,55 m 1 Dieselhilfsmotor mit 375 PSe für 8 kn, 1 Schraube Segelfläche 800 m^2	Stapellauf am 25. Januar 1931 unter der Baunummer 669 und in Dienst als Segelschulschiff **JADRAN** für die jugoslawi-sche Marine. 1941 von den Italienern erbeutet, in Fahrt als **MARCO POLO**. Am 12. September 1943 wurde das Schiff aufgrund des Abfalls Italiens in Venedig deutsche Beute und stellte am 28. Februar 1944 als stationäres Schulschiff in Dienst. 1945 an Jugoslawien zurückgegeben, fährt es dort wieder unter dem alten Namen **JADRAN**. Stammbesatzung 11 Offiziere, 24 Mann; Schüler 20 Offiziere und 132 Mann
MEDUSA	Lugger	Angelo Canaletti, Porto Civitanova 1934	103 BRT, ~ 250 t Länge 25,45 m Breite 5,89 m Tiefgang 2,74 m 1 Krupp-Germania-Viertakt-Vierzylinder-Dieselm., 1 Schraube	Gebaut für den Eigner Armando Silenzi & Co., Porto San Giorgio, dann jedoch in Dienst für die italienische Marine. Ab 22. September 1942 Segelschulschiff bei Seekomman-dant Lemnos. Ab 21. März 1944 Umrüstung und Einbau eines neuen Dieselmotors (Krupp-Germania, wie ange-führt?) und Einsatz als Versorger für Leros nach Indienst-stellung am 16. Mai 1944.
PETER VON DANZIG ex **MERMERUS**	Yacht	Townsend Downey Shipbuilding Co Shooters, Island 1901	343 BRT, ~ 930 t Länge 47,24 m Breite 8,43 m Tiefgang 3,88 m Seitenhöhe 4,27 m 1 Thornycroft-Sechszylinder-Viertakt-Dieselmotor mit 180 PSe für 5 kn 1 dreifl. Schraube	Stapellauf 1901 für van Heyghen, Gent, unter dem Namen **THISTLE**. Vielfache Besitzer und Namen: **TOLNA, GINA**, zuletzt britisch **MERMERUS**. 1939 in belgischem Besitz, mit dem 9. Januar 1941 von der Kriegsmarine als Prise aufgebracht und übernommen. Im August 1941 Über-führung zur Marineschule Mürwik und dort in Fahrt als Navigationsbelehrungsfahrzeug. Mit dem 23. Oktober 1943 Umbenennung in **PETER VON DANZIG** als Segelschulboot. Letzter Liegeplatz im Mai 1945 war Flensburg.
SCHWARZER HUSAR ex **ZAWISCA CZARNY**	Dreimast-schoner	Holm & Gustafsson, Raa 1902	168 BRT, ~ 470 t Länge 30,98 m Breite 8,1 m Tiefgang 3,1 m 1 Säffle-Zweizylinder-Zweitakt-Dieselmotor mit 80 PSe, 1 dreifl. Schraube, 432 m^2 Se-gelfläche, Besatzung 5 Mann Stamm	Stapellauf 1902 für schwedischen Eigner als **PETREA**, 1935 verkauft an Polen, dort in Fahrt als **ZAWISCA CZARNY** für Zwiazek Harcerstwa Polskiego, Gdynia. 1939 deutsche Beute, nach Umbau/Umrüstung bei Schichau, Danzig, am 26. November 1940 in Dienst als Segelschulschiff **SCHWARZER HUSAR** für die Inspektion des Bildungs-wesens der Marine. 1945 an Polen zurückgegeben und dort 1947 abgebrochen.
WINTER-HUDE	Vollschiff	Rickmers AG., Geestemünde 1898	1980 BRT Länge in der Kon-struktionswasser-linie 79,3 m, Länge über alles 86,99 m Breite 12,24 m Seitenhöhe 7,9 m	Stapellauf am 3. August 1898 als **MABEL RICKMERS** für die Reederei Rickmers, Baunummer 109. 1912 verkauft an die Reederei Schlüter & Maack und Umbenennung in **WINTERHUDE**. Aufgrund der Bedingungen des Versailler Vertrages und dessen Nachwirkungen 1921 an Großbritan-nien ausgeliefert, von dort 1922 weiter an den sogenannten »Freistaat Danzig« und in Fahrt für die Baltische & Weißmeer-Handelsgesellschaft. 1924 von der deutschen Reederei Hemsoth erworben und in Fahrt als **SELMA HEMSOTH**. 1926 weiterverkauft nach Finnland und erneut unter dem Namen **WINTERHUDE** in Fahrt. 1944 von der Kriegsmarine als Ausbildungsschiff der Flotte angekauft aber kaum benutzt. 1945 diente das Schiff in Kopenhagen als Wehrertüchtigungslager für die Marine-Hitlerjugend. Das Wrack wurde 1949 abgebrochen.

Die **PADUA** mit eingenommenen Segeln.

Die **PADUA** unter Vollzeug, d.h., mit allen Segeln gesetzt.

Die **PADUA** wurde nach 1945 an die Sowjetunion ausgeliefert und dort als Segelschulschiff der Handelsmarine unter dem Namen **KRUZENSHTERN** in Dienst gestellt. Die beiden Aufnahmen zeigen sie während einer »Operation Sail« vor Bremerhaven.

Die **KAPITÄN HILGENDORF**, stationäres Schiff in Hamburg. Beachte die fehlende Segelausrüstung.

8. Der Neuanfang: Segelschulschiff GORCH FOCK (II)

Mit dem Neuaufbau einer Bundeswehr ab Ende 1955 und folglich auch der Teilstreitkräfte Marine — im folgenden als »Bundesmarine« bezeichnet — erhob sich auch die Frage der Ausbildung der künftigen Offiziere und Unteroffiziere. Zwar stellten frühere kriegsgediente Marineangehörige anfangs in den ersten Aufbaujahren einen nicht unerheblichen personellen Anteil dar, aber es war vorauszusehen, daß diese im Verlauf der folgenden Jahre immer weniger werden würden, so daß es wichtig war, einen genügend qualifizierten Nachwuchs heranzubilden.

Wie bereits nach dem Ersten Weltkrieg war auch hier erneut die Frage, ob Segelschiffausbildung oder nicht, zu beantworten. Wie bereits angeführt, hatte die damalige Kaiserliche Marine diese Ausbildungsform kurz nach der Jahrhundertwende aufgegeben; erst mit Bildung der Reichsmarine war man zu dieser zurückgekehrt.

Im Gegensatz zum Bau der ersten **GORCH FOCK**, wo das »Dennoch« ausschlaggebend war, ging es jetzt um das »Für und Wider«. Zum einen führte der Aufbau der Bundeswehr überhaupt nicht nur in weiten Bevölkerungskreisen und quer durch alle Parteien und Schichten zu heftigen Kontroversen (vorherrschend war das »Ohne uns«), und zum anderen warf der Untergang der **PAMIR** am 21. September 1957 erneut die Frage auf, ob es überhaupt sinnvoll war, ein Segelschulschiff zu bauen. Insbesondere sogenannte »Fachleute« und andere Pseudo-Kenner polemisierten stark dagegen. Aber die Marine ließ sich nicht beirren. Der erste Inspekteur der Marine, Vizeadmiral Ruge, war ein besonders starker Verfechter für den Bau des Schiffes. Er hat sich dazu unter anderem wie folgt geäußert:

»Seemannschaft ist das Handwerk, die Kunst, ein Schiff in allen Lagen, die in der Seefahrt möglich sind, sicher zu handhaben. Dazu ist ein hochentwickeltes Gefühl für Wind und Wetter und ihre vielfältigen Einflüsse auf die See erforderlich. Die Sache wird dadurch nicht einfacher, daß sich die See dauernd in Bewegung und Änderung befindet und gewaltige Kräfte entwickelt, die man mit Geschick ausnutzen kann, die sich aber schnell gegen einen kehren, wenn man das Geschick nicht hat.

Die See ist nur selten romantisch, sie ist immer ein ernstzunehmender Gegner, mit dem man sich auseinandersetzen muß. Trotz aller technischen Errungenschaften ist die Seefahrt nun einmal nach wie vor grundsätzlich der Kampf des Menschen gegen Wind und See, und das spürt man am klarsten auf den Segelschiffen. Hier steht man den Elementen unmittelbar gegenüber. See und Wind sind harte Tatsachen, die der Mensch verarbeiten muß. Die Segelausbildung entwickelt einen sechsten Sinn für Wind, Wetter und See und deren Einfluß auf das Schiff. Sie gibt dem Menschen überhaupt das Erlebnis der See in der reinsten Form. Sie macht ihn geduldig und bescheiden, sie verlangt Härte gegen sich selbst, Zähigkeit und Mut, richtige Kameradschaft in der Zusammenarbeit auf ein gemeinsames Ziel. Kurz: Sie bringt so deutlich, wie es eigentlich kein anderer Teil der Ausbildung tun kann, den Charakter zum Vorschein.«

Diese Sätze widerlegen eindeutig die Stimmen jener Kritiker unmittelbar nach dem Untergang der **PAMIR**, die da meinten, ein Segelschulschiff diene nur der Romantik. Die tatsächlichen Gründe waren ganz andere: Die Segelschulschiffausbildung ist das beste Mittel, den in ihrer Masse aus dem Binnenland kommenden Offizier- und Unteroffizieranwärtern das Gefühl für Wind und See zu vermitteln, was gerade auf den vorwiegend kleinen Fahrzeugen, über die die Bundesmarine verfügt, unerläßlich ist. Hinzu kommt, daß der Schüler an Bord, also vor Ort gewissermaßen, alles über Meteorologie und Navigation erlernt. Die Praxis ist wirksamer als die Theorie an einer Schule an Land.

Inzwischen hat die **GORCH FOCK** 30 Jahre Einsatz hinter sich, hat zahlreiche Reisen gemacht und sich voll bewährt — auch im Abreiten von Orkanen, wie im November 1975, November 1977 und März 1978, um nur einige anzuführen. Das Schiff hat alles, was ein gutes Seefahrzeug auszeichnet: Absolute Schottdichtheit, gute Unterteilung, hohe Leckstabilität, hohen Brandschutz, Kentersicherheit, Rettungsmittel, Navigations- und Fernmeldeanlagen und anderes mehr.

Das Schiff ist mehr als ein Ausbildungsmittel, es ist mit seiner Besatzung von Beginn an ein »politischer Eisbrecher« gewesen, wie es einmal formuliert worden ist. Als sogenannter »Botschafter in Weiß« trägt die **GORCH FOCK** mit ihrer Besatzung mitunter mehr dazu bei, das Ansehen der Bundesrepublik Deutschland im Ausland und das Vertrauen in sie anfangs wieder herzustellen, später zu vermehren und heute zu vertiefen, als die hohe Diplomatie dies manchmal vermag.

Zwischen 1959 und 1972 machte sie 41 Reisen und legte dabei 212.848 Seemeilen zurück. Von der Indienststellung bis zum 1. April 1983 lief sie insgesamt 195 Häfen an, davon 17 zweimal, 16 dreimal und sieben viermal. Bis zu diesem Tage hatte sich das Konto der gefahrenen Seemeilen auf 337.896 erhöht. Von diesen lief sie unter Segeln 209.916,7. In diesem Zeitraum durchliefen insgesamt 8.175 Offizier- und Unteroffizieranwärter die Ausbildung an Bord. Mit Abschluß der 83. Auslandsausbildungsreise im Juni 1988 hatte die **GORCH FOCK** die stolze Zahl von 435.832,8 Seemeilen zurückgelegt und die Zahl der angelaufenen Häfen betrug nun 248. Das beste Etmal unter Segeln (1 Etmal = 24 Stunden) waren 323,2 sm. Höhepunkte für das Schiff waren und sind stets die repräsentativen Teilnahmen an internationalen Veranstaltungen, bei denen zugleich die Bundesrepublik vertreten wird, wie 1960: Parade der Großsegler vor Kap Sao Vicente, anläßlich des 500. Todestages von Heinrich dem Seefahrer; 1964: Teilnahme an der Weltausstellung in New York; 1974: Einlaufen im polnischen Kriegshafen Gdingen; 1976: Teilnahme an der 200-Jahr-Feier der USA in New York; 1977: Einlaufen in den jugoslawischen Kriegshafen Split; 1988: Teilnahme an der 200-Jahr-Feier in Australien und erstmaliges Einlaufen in einen israelischen Hafen.

Bei den zahlreichen Auslandsbesuchen wurden immer wieder zahlreiche hohe und höchste Persönlichkeiten begrüßt, wie König Olav V. von Norwegen, Prince Philip, Herzog von Edinburgh, US-Präsident Ford, um nur einige zu nennen. Der verstorbene Bundespräsident Heinemann schiffte sich sogar vom 21. bis 26. Juni 1973 mit seiner Gattin an Bord ein.

Der Bauauftrag für die **GORCH FOCK** ging an die Werft Blohm & Voss in Hamburg. Zum einen hatte diese Werft bereits die drei großen Segelschulschiffe für die Reichs- und Kriegsmarine, **GORCH FOCK (I)**, **HORST WESSEL** und **ALBERT LEO SCHLAG-ETER** gebaut, darüber hinaus war auch der Bauauftrag für das vierte, die **HERBERT NORKUS**, an diese Werft gegangen, und sie hatte auch ein fast identisches Segelschulschiff für die rumänische Kriegsmarine gebaut, die **MIRCEA**. Aber es kam noch etwas anderes hinzu. Auf irgendwelchen Wegen hatte die Werft es 1945 verstanden, die gesamte für die **HERBERT NORKUS** vorgesehene Takelage, wie Stengen, Rahen und auch das laufende Gut dem Zugriff der Siegermächte zu entziehen. Dieses ganze Material stand nun für den Neubau zur Verfügung und wurde auch verwendet.

Die Taufrede zum Stapellauf hielt Rudolf Kinau, der Bruder von Gorch Fock, in Anwesenheit des Inspekteurs der Marine, Vizeadmiral Ruge. Sie wurde in Plattdeutsch gehalten. Die Taufe vollzog die Tochter Rudolf Kinaus. Das Schiff wurde der Klasse 441 zugeteilt und erhielt die Kennummer A 60. Diese wird jedoch nicht sichtbar geführt.

Die Ausrüstung der GORCH FOCK (II) als Segelschulschiff*

»**Masten:** Fock- und Großmast sind gleich lang und auch in ihrer Takelung nahezu identisch**. Die Untermasten (ohne besondere Marsstengen) wurden, einschließlich der Mars- und Bramsalings aus Stahlplatten gefertigt, die nach Formung zusammengeschweißt wurden. Dabei fungieren die Marse in Höhe der Unterrahen vornehmlich zur Abstützung der Masten. Der Besanmast besteht ebenfalls aus Stahl, desgleichen die Vor- und Großbramstenge, die gestrichen werden können, wobei sie beim Einfieren mit dem Windreep im Eselshaupt und in der Bramsaling dann mit einem eisernen Schloßholz im Schloßgat der Stenge festgesetzt werden.

---

* s. hierzu auch »Erläuterung einiger seemännischer Ausdrücke und Bezeichnungen«, S. 143/144.
** Tatsächlich ist der Großmast um 20 cm länger als der Fockmast, die in den Daten angeführten Angaben beziehen sich auf die Länge, gemessen von der Konstruktionswasserlinie bis zur Mastspitze.

Auch das Bugspriet besteht aus einem geschweißten glatten Stahlrohr und ist als Hornbugspriet ohne Klüverbaum ausgebildet, hat allerdings ein großes und kleines Wasserstag und einen Stampfstock; beides ebenfalls aus Rundstahl gefertigt.

Rahen: Alle Rahen sind aus Stahl gefertigt. Die Unterrahen und die Untermarsrahen sind dreh- und schwenkbar in festen an den Masten sitzenden Racks gelagert. Alle übrigen Rahen sind heißbar. Die Racks der Obermarsrahen gleiten mittels eines Schuhes auf einer Schiene an der Vorkante der Masten, die Bram- und Royalrahen jeweils an den Bramstengen.
Besanbaum und Besangaffeln bestehen ebenfalls aus Stahl und sitzen jeweils in festen Lagern an der Achterkante des Besanmastes. Vom Mastband im Besantopp aus sind die Gaffelnocken durch den oberen, mittleren und unteren Hanger miteinander verbunden. Die seitliche Bewegung und auch das Halten des Baumes bewirken Schot und Bullentalje. Von der Nock des Besanbaumes nach den Gaffelnocken und weiter in den Besantopp führt eine Dirk.

Stehendes Gut: Das gesamte stehende Gut endet in Seilhülsen und ist auf Spannschrauben gesetzt. Sowohl der Fock- als auch der Großmast sind jeseits durch je sechs und der Besanmast durch fünf (bekleedete) Hoftaue — die Unterwanten — abgestützt. Die beiderseits zu den Bramsalingen laufenden je vier Marstengewanten sind an den Außenkanten der Marse des Fock- und Großmastes befestigt. Die Bramstengen erhalten ihre beidseitige Stützung durch je zwei Bramstengewanten. Der Besanmast hat zwei oberhalb der Saling sitzende Bramstengewanten. Die Unter- und Stengewanten sind ausgewebt, ihr Abstand wird durch eiserne Spreizplatten gewährleistet. Weiter hinauf zum Topp der Masten führen Jakobsleitern. Nach vorne werden die Masten durch Stagen gehalten. Diese dienen — mit Ausnahme des Vorroyalstag, Fockstag und Großstag — auch als Leiter für das Setzen der Stagsegel. Nach achtern fungieren als Abstützung von Fock- und Großmast jeseits je ein Lenzpardun (Untertoppwant), drei Stengepardunen, ein Stengetoppardun, zwei Brampardunen und ein Royalpardun. Beim Besanmast sind es zwei Stengepardunen und ein Brampardun. Das Bugspriet ist nach den Seiten durch je zwei große und zwei kleine Backstagen gestützt. Zwischen diesen sitzt das Klüvernetz zum Auffangen

des Segel des Vorgeschirrs beim Niederholen und zugleich als Sicherheitsnetz für das Bedienungspersonal. Es ist angenäht.

Segel: Die einzelnen Segel bestehen aus Rah- und Schratsegeln, aus Langflachs gefertigt. Seit etwa 1974 sind sie durch synthetisches Material ersetzt, genauso wie das gesamte Manila- und Hanftauwerk, welches gegen Kunstfasermaterialien ausgetauscht wurde. Die Lieken der Rahsegel sitzen an deren Achterseite und die der Schratsegel an der jeweiligen Backbordseite. Die Schratsegel werden in der Schiffslängsrichtung als Stagsegel, Gaffelsegel oder Gaffeltoppsegel gefahren. Die Fock, das Großsegel, die beiden Obermars- und Bramsegel sowie das Großstengestagsegel können gerefft werden. Zum Aufholen und Zusammenhalten des losen Segeltuchs beim Reffen der Rahsegel dienen Dämpfleinen. Die beiden Refftaljen der Fock und des Großsegels, die an der unteren der beiden an den Seitenlieken sitzenden Reffkauschen angreifen, holen das Segel auf, während durch die oberen Reffkauschen die Steckbolzen zum Ausholen des Reffliks nach den Rahnocken geschoren werden. Der Besan besteht aus dem unteren und dem oberen Besan. Beide sind mit dem Mastliek an dem an der Achterkante des Besanmastes befindlichen Jackstag angereiht. Die Legel der oberen Gaffellieken laufen an Schienen, die der unteren an Drahtstandern. Das Ausholen der Besansegel besorgen Schot- und Piekausholer, das Bergen der Segel Einholer, Schotaufholer und Schnürgordings. Das Besantoppsegel hat über eine bestimmte Länge des Vorlieks Gatchen zum Anreihen an die auf einem senkrechten Drahtstander an der Achterkante des Besanmastes laufenden Legel. Es wird mittels Fall, Schot und Hals gesetzt und geborgen durch Niederholer und Schotaufholer. Die Stagsegel haben Fallen, Niederholer und Schoten und reiten mit am Vorliek angenähten Legeln auf ihren Stagen oder Klüverleitern. Ihre oberen Ecken bezeichnet man mit Kopf, die vorderen mit Hals und die achteren mit Schothorn.

Laufendes Gut: Wo erforderlich, besteht das laufende Gut aus verzinktem Stahltauwerk mit 14-28 mm Durchmesser mit 180 bzw. 144 Drähten. Das übrige Tauwerk besteht aus Manila- bzw. Hanfmaterial (siehe bei → Segel). Die Holzblöcke sind aus Eschenholz und haben für die Verwendung von Stahltauwerk gußeiserne, und für das sonstige Tauwerk Pockholzscheiben mit Metallbuchsen. Auch hier dürften sich die Materialien im Zuge der Umrüstung auf das neue Tauwerk etwas verändert haben. An Stellen, wo keine Gefahr besteht, Segel zu beschädigen, verwendet man auch Stahlblöcke für das Stahltauwerk. Die Fallen, Brassen, Niederholer und Toppnanten greifen an den Rahen an. Die Fallen werden zum Heißen der Obermars-, Bram- und Royalrahen benutzt, darüber hinaus besitzen auch alle Schratsegel, ausgenommen der Besan, Fallen. Diese laufen abwechselnd an Steuerbord und Backbord, um damit das gleichzeitige Auflaufen zur erleichtern. Das Großobermarsfall (auch als Kapitänsfall bezeichnet) befindet sind an der Steuerbordseite. Alle Rahen haben Brassen zum Anstellen nach der Seite zum Wind. Die Brassen der drei unteren Rahen laufen zum Brassbaum außenbords, die der beiden oberen zum Topp des dahinterstehenden Mastes und von dort an Deck. Sie werden an den Nagelbänken belegt. Alle Dreiecksegel und die Obermarsrahen haben zum Bergen Niederholer. Das horizontale Einstellen (Toppen) der Rahen wird durch die Toppnanten bewirkt. Obermars-, Bram- und Royalrahen haben feste Toppnanten. Diese sind an den Stengen angeschäkelt und kommen erst bei gefierter Rah zum Tragen. Die Untermarsrahen hängen in den Niederholern der Obermarsrahen. Die Toppnanten der Fock- und Großrah sind bis an Deck heruntergeführt, werden durch Taljen geholt und an den Mastknechten belegt. Bei gesetzten Segeln werden durch sie auch die anderen Rahen über die Schoten und Seitenlieks mitgetoppt. Alle Rahen haben (bekleidete) Fußpferde, die durch Springpferde in einem bestimmten Abstand zur Rah gehalten werden. Darüber hinaus haben sie auch Nockpferde. Die Schoten, Halsen, Geitaue, Gordings und Refftaljen greifen unmittelbar an den Rahsegeln an. Die Befestigung der Schoten der Unter- und Obermarssegel erfolgt an diesen selbst durch eine kurze Kette, die über einen Schotblock führt, der drehbar an den Nocken der darunter befindlichen Rah sitzt. Bram- und Royalschoten haben einen Stahldraht. Die Schoten führen weiter über Leitrollen unter der Rah und über bewegliche Herzblöcke am Rack und laufen in einen Manilaklappläufer aus, der am Mastknecht belegt wird. Die Fock- und Großschoten laufen vom Schothorn zur Reling und zu Pollern. Die Halsen dienen zum Durchsetzen der Luvschothörner der Untersegel nach vorn. Der Fockhals läuft zum Fockhalsbaum an der Back, der Großhals zu einem Block auf der Nagelbank. Mit Ausnahme des Besantoppsegels haben alle Schratsegel keine beweglichen Halsen. Dafür besitzen sie Halsstander. Der Besanhals ist fest eingeschäkelt. Beim Segelbergen werden, mit Ausnahme der Obermarssegel, die Schothörner der Rahsegel durch Geitaue nach den Rahnocken hin aufgeholt. Gleichzeitig holen die Gordings (als einfache Gordings = Bauch-, Bukgordings) die Fußlieken als Schnürgordings (= in der Bucht nach unten um die Segel genommen) das lose Segeltuch an die Rahen. Die Nockgordings holen die Seitenlieks nach der Mitte der Rah hin. Die Gordings befinden sich, mit Ausnahme der Schnürgordings, auf der Segelvorderseite. Fock- und Großsegel haben vier Bauch- und zwei Nockgordings, die Untermarssegel vier Bauchgordings, die Obermarssegel vier Schnürgordings, die Bramsegel zwei Schnürgordings und zwei Nockgordings und die Royalsegel zwei Gordings mit je einer Hahnepot nach dem Unter- und dem Seitenliek und eine Mittelgording. Nach der ersten Ausstattung wurden für die Takelung des Schiffes verwendet: 6800 m Stahltauwerk, 9000 m Hanf- bzw. Manilatauwerk, 331 Holzblöcke, 68 Stahlblöcke, 129 Spannschrauben, 621 Schäkel, 617 Kauschen und Seilhülsen, 425 Begelnägel und 284 Legel. Die Anzahl dürfte sich auch nach der Umrüstung kaum verändert haben.«

(Auszug aus einem Schiffskundeheft eines früheren Besatzungsangehörigen.)

Die Daten der GORCH FOCK (II)

Bauwerft:	Blohm & Voss
Baunummer:	804
Bauauftrag:	6. April 1957
Kiellegung:	24. Februar 1958
Setzen der ersten Sektion auf die Helling:	6. März 1958
Stapellauf:	23. August 1958
Indienststellung gemäß Befehl Nr. 51	17. Dezember 1958
Typ:	Dreimastbark
Baukosten:	7,85 Mio DM
Klasse:	+ 100 A 4 (E) GL
Vermessung:	1499,23 BRT als Dreimastbark getakelt, 918,72 NRT
Deplacement:	Konstruktion 1819 t voll ausgerüstet 2005,82 t

Länge des Schiffes:	70,20 m zwischen den Loten
	81,44 m über alles
	89,32 m über Bugspriet
	81,78 m über Heck und Galion
Breite des Schiffes:	12 m auf den Spanten
	12,02 m auf Außenhaut
Tiefgang des Schiffes:	4,9 m Konstruktion im Mittel
	5,06 m voll ausgerüstet im Mittel
	5,16 m vorn; 5,25 Mitte; 5,33 hinten (maximal)
Seitenhöhe:	7,30 m
Wasserdichte Einteilung:	X Abteilungen, darüber hinaus auch alle anderen Verschlüsse, einschließlich Aufbauten absolut wasserdicht
Takelage:	Fockmast 45,3 m über Konstruktionswasserlinie mit Mastfall 52 mm auf 1 m
	Großmast 45,3 m über Konstruktionswasserlinie mit Mastfall 70 mm auf 1 m
	Besanmast 40 m über Konstruktionswasserlinie mit Mastfall 87 mm auf 1 m
Aufstellung der Masten:	Fockmast Höhe Spant 55,8
	Großmast Höhe Spant 31,8
	Besanmast Höhe Spant 12

Länge der Rahen und Stengen:

Fock- und Großmast:
Royalrah = 11,25 m
Bramrah = 15,80 m
Oberbramrah = 19,60 m
Unterbramrah = 21,80 m
Unterrah = 24,00 m
Klüverbaum: 12,90 m, Durchmesser 0,65 m, abnehmend auf 0,313 m
Besanmast:
Baum = 16,40 m
Untergaffel = 12,65 m
Obergaffel = 9,65 m

Segelfläche: 1952,3 m^2
im einzelnen
Fockmast:
Focksegel = 178,5 m^2
Voruntermarssegel = 102,1 m^2
Vorobermarssegel = 105,4 m^2
Vorbramsegel = 101 m^2
Vorroyalsegel = 66,9 m^2
Großmast:
Großsegel = 199,6 m^2
Großuntermarssegel = 102,5 m^2

Großobermarssegel = 104,5 m^2
Großbramsegel = 100,7 m^2
Großroyalsegel = 65,7 m^2
Besanmast:
Unterer Besan = 85,2 m^2
Oberer Besan = 71,3 m^2
Besangaffeltoppsegel = 53,1 m^2
Klüver:
Flieger = 68 m^2
Außenklüver = 56,8 m^2
Innenklüver = 56,2 m^2
Vorstengenstag = 52,6 m^2
Zwischensegel Groß- zum Fockmast:
Großstengestagsegel (Sturmsegel) = 98,2 m^2
Großbramstagsegel = 77,6 m^2
Großroyalstagsegel = 59,9 m^2
Zwischensegel Besan- zum Großmast:
Besanstagsegel = 50,5 m^2
Besanstengestagsegel = 51 m^2
Besanbramstagsegel = 44,3 m^2

Hilfsmaschinenanlage:	1 M.A.N.-Sechszylinder-Viertakt-Dieselmotor, Typ M 6 V 30/38 mit Aufladung 890-985 PSe/655-725 kW und 560 U/min und Untersetzungsgetriebe 2,27 : 1
	1 dreiflügeliger Zeise-Verstellpropeller mit 2,5 m Durchmesser
	1 Ruder
Betriebseinrichtungen:	1 Flammrohrkessel, 2 atü Betriebsdruck, 15 m^2 Heizfläche und 1,7 m^3 Wasserraum
E-Anlage:	4 Dieselgeneratoren, MWM, Typ RS 518-D-SS, Viertakt-Dreizylinder-Dieselmotoren mit 96 PSe/70 kW bei 1800 U/min — 4 Generatoren, Typ SSW-G-194/18-4, mit 60 kW
	1 Dieselgenerator, MWM, Typ AKD 412-D, Viertakt-Vierzylinder-Dieselmotor mit 38 PSe/28 kW bei 1800 U/min — 1 Generator, Typ SSW-G-1292-4, mit 22 kW
Ausrüstung:	Navigationsradar KH 14/9
	1 Motorpinasse
	1 Motorkutter
	1 Motorjolle
	2 Kutter
	1 Dingi
	17 Rettungsinseln

Fahrstrecke: 1 Patentanker in Stb-Klüse
1 Stockanker an Bb
1100 sm: 10 kn (mit Hilfsmotor),
unter Segeln unbegrenzt

Geschwindigkeit: 10 - 11 kn (mit Hilfsmotor),
unter Segeln bis 15 kn

Brennstoffvorrat: 55 m³ Dieselkraftstoff

Besatzung: Stamm 74
Schüler 200, seit Umbau 160

Stabilität: Anfangsstabilität MG = 1,10 m
(bei voll ausgerüstetem Schiff,
d.h. ohne Kraftstoff und Wasser
mindestens 0,6 m).
Zur Erhöhung der Stabilität
befindet sich an Bord (fest einge-
baut) ein Dauerballast von 350 t.
Der maximale Hebelarm der stati-
schen Stabilität beträgt nicht mehr
als 45°.
Das Schiff richtet sich bei einem
Stabilitätsmoment von 90° wieder
auf. Dieser Wert wird noch über-
schritten durch die Formgebung des
Schiffskörpers und die absolute
Wasserdichtheit der Aufbauten.
Der Segelschwerpunkt liegt 5,15 m
vor und 21,91 m über dem Lateral-
schwerpunkt.

Die Kommandanten der GORCH FOCK (II)

		von	bis
FKpt/ KptzS	Erhardt, Wolfgang	Dezember 1958	- Juli 1962
FKpt/ KptzS	Engel, Hans	Juli 1962	- Sept. 1965
FKpt/ KptzS	Lohmeyer, Peter	Oktober 1965	- Januar 1969
FKpt/ KptzS	von Witzendorff, Ernst	Januar 1969	- Sept. 1972
KptzS	Frhr. von Stackelberg, Hans	Oktober 1972	- März 1978
KptzS	Wind, Horst	April 1978	- März 1982
FKpt/ KptzS	Hinrichsen, Nickels Peter	April 1982	- März 1986
KptzS	Frhr. von Schnurbein, Immo	April 1986	-

Anmerkungen: Von Dezember 1984 bis Juli 1985 wurde die **GORCH FOCK** einem großen Umbau unterzogen, Ausfüh-rung durch die Howaldtswerke-Deutsche Werft, Kiel. Dabei ergaben sich einige Änderungen:

☐ Reduzierung der Beiboote
☐ Einbau einer Müllverwertungsanlage
☐ Einbau eines Frischwassererzeugers
☐ Einbau eines Bilgenwasserentölers
☐ Verbesserung der Unterkünfte, dadurch Reduzierung der Schülerzahl auf maximal 160 Mann
☐ Wegfall des Stockankers, Installierung eines zweiten Patentankers in Seitenklüse

Bereits in den 70er Jahren war geplant, den jetzigen Hilfs-dieselmotor durch einen moderneren und etwas leistungs-stärkeren zu ersetzen. Da diese Maßnahme aber zur Folge gehabt hätte, daß außerdem auch das Getriebe, die Wellen-anlage hätten geändert werden müssen, was zwangsläufig auch erhebliche schiffbauliche Umbaumaßnahmen mit sich gebracht hätte, wurde dieses fallengelassen.

Während des Aufenthaltes in Wellington Einbau eines SAT COM, Typ Saturn 3 S, durch eingeflogenen Monteur.

Werftliegezeiten der GORCH FOCK (II)

Werft	von	bis
Howaldtswerke-Deutsche Werft, Kiel	6. Januar 1964	März 1964
	Januar 1966	März 1966
Motorenwerke Bremerhaven	18. Mai 1967	26. Mai 1967
Howaldtswerke-Deutsche Werft, Kiel	3. Januar 1968	März 1968
	8. September 1969	19. Januar 1970
	5. Januar 1971	31. März 1971
	6. Januar 1972	29. März 1972
	6. Februar 1973	8. Juni 1973
	7. Januar 1974	26. März 1974
	6. Januar 1975	18. März 1975
	5. Januar 1976	19. März 1976
	3. Januar 1977	16. März 1977
	4. Januar 1978	16. März 1978
	9. Januar 1979	27. März 1979
	2. Januar 1980	11. März 1980
	Februar 1981	Mai 1981
	Januar 1983	März 1983
	Dezember 1984	Juli 1985
	Januar 1987	März 1987
Neue Flensburger Schiffbaugesellschaft	August 1988	September 1988

Ausbildungs- und Auslandsausbildungsreisen der GORCH FOCK (II)

Nr. der AR/AAR	von	bis	Reiseroute — Bemerkungen
1	3. 8. 1959	23. 9. 1959	Kiel — Santa Cruz — Kiel
2	26. 10. 1959	27. 11. 1959	Kiel — Aberdeen — Kiel
3	2. 5. 1960	13. 6. 1960	Kiel — Gävle — Kiel
4	16. 7. 1960	26. 9. 1960	Kiel — Ostende — Cascais — Lissabon — Cannes — Neapel — Kiel, dabei Teilnahme Flottenparade am 7. 8. vor Kap S. Vincent
5	6. 11. 1960	15. 12. 1960	Kiel — Aarhus — Oslo — Travemünde — Kiel
6	3. 5. 1961	22. 6. 1961	Kiel — St. Malo — Reykjavik — Kiel
7	2. 8. 1961	26. 9. 1961	Kiel — Funchal — London — Kiel
8	1. 11. 1961	19. 12. 1961	Kiel — Flensburg — Hamburg — Rotterdam — Kiel
9	20. 3. 1962	15. 6. 1962	Kiel — Santa Cruz — New York — Punta Delgada — Kiel
10	30. 7. 1962	26. 9. 1962	Kiel — Dartmouth — Rotterdam — Tragisvaag — Göteborg — Kiel, dabei 1. Platz in der Regatta Torbay — Rotterdam
11	30. 10. 1962	18. 12. 1962	Kiel — Bremen — Flensburg — Kiel — Bremerhaven — Lübeck — Kiel — Travemünde — Kiel
12	22. 4. 1963	27. 6. 1963	Kiel — Las Palmas — S. Thomas — S. Juan — Kiel
13	1. 8. 1963	26. 9. 1963	Kiel — Helgoland — Harstad — Akureyri — Thorshavn — Edinburgh — Kiel
14	8. 11. 1963	19. 12. 1963	Kiel — Funchal — Wilhelmshaven — Kiel
15/	4. 5. 1964	29. 6. 1964/	Kiel — Emden — Vigo — Lissabon — Bermudas — Hamilton —
16	8. 7. 1964	25. 9. 1964	New York — New London — Hafnarfjördur — Dublin — Bergen — Kiel, dabei 3. Platz bei Segelregatta und Besuch Weltausstellung in New York
17	9. 11. 1964	29. 12. 1964	Kiel — Leixoes — Tanger — Kiel
18	20. 4. 1965	18. 6. 1965	Kiel — San Juan/Porto Rico-Kiel
19	19. 7. 1965	22. 9. 1965	Kiel — Thorshavn — Trangisvaag — Galway — La Pallice — Stockholm — Kiel
20	20. 10. 1965	17. 12. 1965	Kiel — Arrecife — Santa Cruz — Kiel
21	25. 4. 1966	21. 6. 1966	Kiel — Gibraltar — Tunis — Alicante — St. Malo — Kiel
22	19. 7. 1966	20. 9. 1966	Kiel — Kopenhagen — Den Helder — Reykjavik — Isafjördur — Stavanger — Kiel
23/	2. 11. 1966	13. 12. 1966/	Kiel — Funchal — Casablanca — Lissabon — Recife —
24	14. 1. 1967	18. 3. 1967	Punta Delgada — Kiel
25/	19. 4. 1967	16. 5. 1967/	Kiel — Bordeaux — Wilhelmshaven — Drontheim — Kiel
26	5. 6. 1967	22. 6. 1967	
27	19. 10. 1967	8. 11. 1967	Kiel — Visby — Lübeck — Kiel
28	27. 11. 1967	21. 12. 1967	Kiel — Sunderland — Kiel
29	22. 4. 1968	25. 6. 1968	Kiel — Hamburg — Flensburg — Kiel — Santa Cruz — Horta — Kiel
30	24. 7. 1968	20. 9. 1968	Kiel — Göteborg — Kristiansand — Stornoway — Cork — Hörnum — Kiel, dabei 1. Platz bei Segelregatta
31	27. 1. 1969	25. 3. 1969	Kiel — Agadir — Cadiz — Kiel
32	26. 4. 1969	24. 6. 1969	Kiel — Bordeaux — Ostende — Kiel
33	28. 7. 1969	3. 9. 1969	Kiel — Tromsö — Akureyri — Kiel
34	21. 4. 1970	11. 6. 1970	Kiel — Toulon — Monaco — Falmouth — Kiel
35	18. 7. 1970	8. 9. 1970	Kiel — Plymouth — Santa Cruz — London — Kiel, dabei 3. Platz bei Segelregatta
36	19. 10. 1970	26. 11. 1970	Kiel — Vigo — Den Helder — Kiel
37/	28. 4. 1971	18. 6. 1971/	Kiel — Nantes — Tunis — Messina — Lissabon — Punta Delgada —
38	8. 7. 1971	27. 8. 1971	Dublin — Flensburg — Kiel
39/	10. 5. 1972	29. 6. 1972/	Kiel — Funchal — Dakar — Punta Delgada — Malaga —

Nr. der AR/AAR	von	bis	Reiseroute — Bemerkungen
40	19. 7. 1972	8. 9. 1972	Cowes — Malmö — Travemünde — Flensburg — Kiel, dabei 2. Platz bei Segelregatta
41	19. 10. 1972	8. 12. 1972	Kiel — Cadiz — Cork — Kiel
42	20. 9. 1973	30. 10. 1973	Kiel — Stockholm — Kopenhagen — Lübeck — Kiel
43	29. 4. 1974	26. 7. 1974	Kiel — Casablanca — Dakar — Freetown — Dakar — Nantes — Kopenhagen — Gdingen — Kiel, dabei 2. Platz bei Segelregatta
44	17. 10. 1974	29. 11. 1974	Kiel — London — La Coruna — Flensburg
45	29. 4. 1975	25. 6. 1975	Kiel — Nizza — Cagliari — Sevilla — Emden
46	4. 8. 1975	25. 9. 1975	Kiel — Amsterdam — London — Porto — Kiel
47	20. 10. 1975	27. 11. 1975	Kiel — Cork — Portsmouth — Kiel
48/ 49	11. 5. 1976 1. 7. 1976	28. 6. 1976/ 30. 8. 1976	Kiel — Santa Cruz — Hamilton — Newport — New York — Baltimore — Godthaab — Oslo — Hamburg — Kiel, dabei 1. Platz bei Segelregatta
50	20. 10. 1976	30. 11. 1976	Kiel — Lissabon — Plymouth — Kiel
51/ 52	10. 5. 1977 7. 7. 1977	28. 6. 1977/ 30. 8. 1977	Kiel — Sete — Split — Istanbul — La Valetta — Malaga — Bremerhaven — Kiel
53	20. 10. 1977	30. 11. 1977	Kiel — Antwerpen — Funchal — Kiel
54	9. 5. 1978	14. 6. 1978	Kiel — Rotterdam — Liverpool — Kiel
55	6. 7. 1978	29. 8. 1978	Kiel — Reykjavik — Göteborg — Oslo — Wilhelmshaven — Kiel, dabei 1. Platz bei Segelregatta
56	19. 10. 1978	29. 11. 1978	Kiel — Vigo — Aberdeen — Kiel
57	12. 5. 1979	26. 6. 1979	Kiel — Scheveningen — Portimao — Kiel
58	8. 8. 1979	25. 9. 1979	Kiel — El Ferrol — Brest — Ostende — Kiel
59	18. 10. 1979	29. 11. 1979	Kiel — Sevilla — Dartmouth — Flensburg
60	15. 4. 1980	30. 6. 1980	Kiel — Funchal — Bermudas — Boston — Kristiansand — Kiel, dabei Segelregatta, teilweise bis 16 kn Fahrt
61	16. 7. 1980	14. 8. 1980	Kiel — Karlskrona — Frederikshavn — Amsterdam — Kiel
62	27. 10. 1980	27. 11. 1980	Kiel — Lissabon — Vigo — Kiel
63	29. 6. 1981	7. 9. 1981	Flensburg — Malaga — Livorno — Tunis — Gent — Kiel
64	20. 10. 1981	26. 11. 1981	Kiel — Cadiz — Porto — Kiel
65	11. 5. 1982	10. 6. 1982	Kiel — Kopenhagen — Stockholm — Kiel
66	14. 7. 1982	1. 9. 1982	Kiel — Falmouth — Lissabon — Thorshavn — Kiel
67	19. 10. 1982	30. 11. 1982	Kiel — Casablanca — St. Malo — Kiel
68	17. 5. 1983	29. 6. 1983	Flensburg — Bordeaux — Dun Laoghaire — Kiel
69/ 70	20. 7. 1983	24. 11. 1983/	Kiel — Las Palmas — San Juan — Norfolk — Philadelphia — Portsmouth/USA — Punta Delgada — Hamburg
71/ 72	10. 4. 1984	14. 8. 1984	Kiel — St. Cruz — St. Jones — Boston — Quebec — Sydney — Liverpool — Kiel
73	19. 10. 1984	29. 11. 1984	Kiel — Portimao — Nantes — Kiel
74	29. 7. 1985	12. 9. 1985	Kiel — Amsterdam — Edinburgh — Wyk/Föhr — Glücksburg — Kiel
75	18. 10. 1985	29. 11. 1985	Kiel — Lissabon — Sevilla — Kiel
76	15. 5. 1986	25. 6. 1986	Kiel — Rouen — Helsinki — Kiel
77	21. 7. 1986	11. 9. 1986	Wilhelmshaven — Bremerhaven — Larvik — Göteborg — Reykjavik — Kiel
78	17. 10. 1986	27. 11. 1986	Kiel — Tanger — Lorient — Kiel
79	18. 5. 1987	24. 6. 1987	Kiel — La Coruna — Cherbourg — Borkum — Kiel
80/ 81/ 82/ 83	23. 7. 1987	22. 6. 1988	Kiel — Las Palmas — Port de France — Panama City — Acapulco (Crewwechsel) — San Diego — Honolulu (Crewwechsel) — Apia — Auckland — Sydney — Melbourne (Crewwechsel) — Fremantle — Diego Garcia — Muscat — Haifa — Palma de Mallorca — Porto — Kiel, dabei Teilnahme an Windjammerparade anläßlich 200-Jahrfeier Australiens und erstmaliger Besuch eines deutschen Kriegsschiffes in Israel.
84	18. 10. 1988	29. 11. 1988	Kiel — Portsmouth — Lissabon — Kiel

Windjammerregatten, an denen die GORCH FOCK (II) teilgenommen hat

Jahr	von - bis	Sieg und Platz
1960	Cannes — Neapel	1. Platz
1962	Torbay — Rotterdam	1. Platz
1964	Lissabon — Bermudas	3. Platz
1968	Göteborg — Kristiansand	1. Platz
1970	Plymouth — Teneriffa	3. Platz
1972	Cowes — Skagen	2. Platz
1974	Kopenhagen — Gdingen	2. Platz
1976	Bermudas — Newport	1. Platz
1978	Göteborg — Oslo	1. Platz
1980	Boston — Kristiansand	2. Platz
	Kiel — Karlskrona	4. Platz
	Frederikshavn — Amsterdam	2. Platz
1982	Falmouth — Lissabon	1. Platz
1986	Larvik — Göteborg	2. Platz

Außerdem: Während der 72. Ausbildungsreise Abbruch eines Rennens.

Pläne der GORCH FOCK (II)

Nr.	Plan
1	Generalplan: Längsschnitt
2	Generalplan: Oberdeck, Hauptdeck
3	Generalplan: Stauung, Plattformdeck, Zwischendeck
4	Linienriß
5	Takel- und Segelriß
6	Besan-, Groß- und Fockmast, Bramstenge
7	Rahen, Gaffeln, Bugspriet, Flaggenstock
8	Bootsaussetzvorrichtung
9	Ladegeschirr, Ruderanlage, Handruderstand, Verholspill
10	Motorkutter (mit Segelausrüstung)
11	Belegnagelplan

Diese Pläne sind im vorliegenden Werk auf den Seiten 122 - 137 abgedruckt. Sie sind außerdem komplett im Großformat (DIN A1) auch separat in einer PLANROLLE (ISBN 3-7637-5861-5) lieferbar (s. Hinweis auf Seite 152).

Die Kiellegung der **GORCH FOCK** am 24. Februar 1958. Die umliegenden Gebäude der Bauwerft Blohm & Voss zeigen noch immer die deutlichen Spuren des Zweiten Weltkrieges.

Vor dem Stapellauf wird der Unterwasseranstrich nochmals erneuert bzw. ausgebessert.

Die **GORCH FOCK** vor dem Stapellauf. Noch fehlt die Galionsfigur, die Taufkanzel ist bereits errichtet.

Kurz vor dem Taufakt, letzte Vor-
bereitungen.

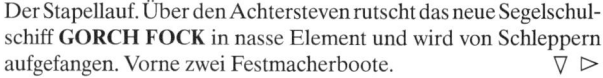

Der Stapellauf. Über den Achtersteven rutscht das neue Segelschul-schiff **GORCH FOCK** in nasse Element und wird von Schleppern aufgefangen. Vorne zwei Festmacherboote. ▽ ▷

Die Taufe. Die traditionelle Sekt-flasche zerschellt am Bug.

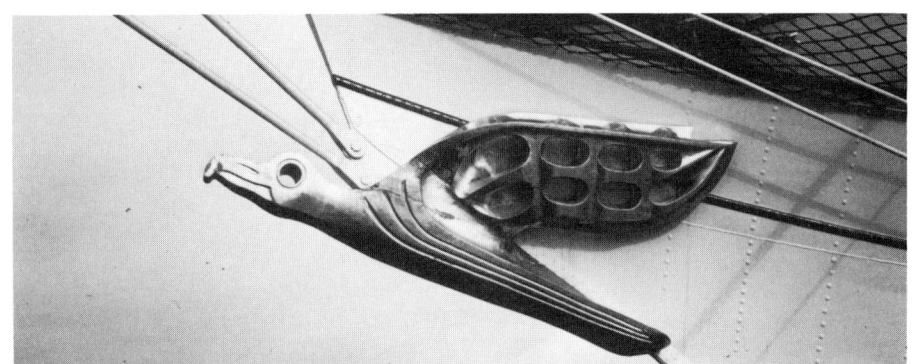

Die Galionsfigur der **GORCH FOCK**, ein stilisierter Albatros.

Auslaufen zur Probefahrt, achtern ist unter der Nationalflagge die Werftflagge sichtbar.

Die **GORCH FOCK** in Kiel an der Scheermole liegend. Eine Aufnahme vom Sommer 1961.

Ausbildung in See, zwei Aufnahmen vom Sommer 1966.

◁ Ausbildung in See, hier mit
eingenommenen Segeln. Deutlich sichtbar, der an der Steuerbordseite sitzende Patentanker in
seiner Klüse. Die Aufnahme entstand ebenfalls im Sommer 1961.

83

Die **GORCH FOCK** einlaufend Wilhelmshaven. Hier passiert sie gerade von der IV. Einfahrt kommend im Schlepp das frühere Admiral-Maass-Ufer. Links im Hintergrund ein Zerstörer der **HAMBURG**-Klasse. Beachte den an der Backbordseite befindlichen Stockanker. Seit ihrem umfassenden Umbau hat sie auch hier einen Patentanker.

84

Nochmals aus einem anderen Blickwinkel. Vorne der Hafenschlepper **FÖHR** (Y 821) als Kopfschlepper, achteraus einer der kleinen Hafenschlepper der **LÜTJE HÖRN**-Klasse in »stand by«.

Die **GORCH FOCK** machte nach dem Einlaufen in Wilhelmshaven im Marinearsenal fest. Der Blick aus der Vogelperspektive vermittelt einen guten Überblick über die Oberdecksaufbauten. Vor dem Segelschulschiff ein Zerstörer der **HAMBURG**-Klasse, die **HAMBURG** (D 181). Diese und die beiden vorangegangenen Aufnahmen entstanden im Jahre 1967.

Die **GORCH FOCK** auslaufend Wilhelmshaven, hier bereits auf der Jade segelnd.

Wo immer es geht, läuft die **GORCH FOCK** entweder unter vollen Segeln oder zumindest mit teilgesetzten Segeln in einen Hafen ein oder aus diesem aus. Diese Aufnahme entstand am 15. September 1977, als das Schiff, hier querab Strander Bucht, in die Kieler Förde segelte.

Drei Detailaufnahmen der Takelage der **GORCH FOCK** aus dem
Jahre 1986, kurz vor Antritt einer neuen Ausreise.

Sommer 1986, die **GORCH FOCK** segelsetzend auslaufend Wilhelmshaven. Die im Vordergrund sichtbare weiße Linie ist kennzeichnend für den niedrigen Wasserstand, es herrscht Ebbe.

Die **GORCH FOCK** mit allen Segeln vor dem Wind.

Die **GORCH FOCK** im Gegenlicht. Der im Großmast wehende Admiralstander (drei schwarze Bälle) weist darauf hin, daß sich ein Flagg-offizier im Range eines Flottillenadmirals an Bord befindet, offensichtlich der Amtschef des Marineamtes als höchste vorgesetzte Dienst-stelle in der Marineausbildung.

Nochmals die **GORCH FOCK** unter vollen Segeln, einmal von Steuerbord und einmal von Backbord gesehen.

9. Der kleine Ableger: Segelausbildungsboot NORDWIND

Außer dem Segelschulschiff **GORCH FOCK** verfügt die Bundesmarine auch noch über zahlreiche Dienstsegelfahrzeuge, die teils den einzelnen Stützpunkten und Schulen zugeteilt sind, in ihrer Masse jedoch zur Marineschule Mürwik gehören. Aus dem Rahmen fällt dabei ein etwas größeres Segelboot, die **NORDWIND**. Die **NORDWIND** ist der Klasse 368 zugeteilt, was besagt, daß sie vom Typ her zu den Patrouillenbooten gehört, obwohl sie als solches nie eingesetzt worden ist. Gebaut als Kriegsfischkutter (KfK), fiel der offensichtlich unfertige Bootskörper 1945 als Beute an die Siegermächte. Später gelang es einem privaten Interessenten, diesen über die OMGUS für zivile Zwecke zu erwerben. Bei der Bootswerft Burmester in Bremen-Burg erfolgte anschließend der Umbau zur Ketsch, der jedoch nicht vollendet wurde, denn im Jahre 1951 wurde das Boot vom neugebildeten Bundesgrenzschutz (See) übernommen. Nach Fertigstellung stellte am 21. November 1951 das Boot mit dem Namen **NORDWIND** für die Schulflottille in Dienst. Am 1. Juli 1956 wurde das Boot von der Bundesmarine übernommen und stellte gem. Befehl Nr. 6 nach Flaggenwechsel unter Beibehaltung des Namens für diese in Dienst, Kennummer W 43. Anfangs dem Schulgeschwader Ostsee zugehörig, wurde es bald der Marineschule Mürwik zugeteilt. Mit Befehl Nr. 109 stellte es am 29. August 1969 außer Dienst, um am 5. Mai 1970 mit neuer Kennummer, Y 834, wieder in Dienst zu stellen. Bereits am 30. September 1970 stellte die **NORDWIND** erneut außer Dienst, vom 8. Juni bis 30. Juni 1971 jedoch nochmals in Dienst. Mit Befehl Nr. 349 kam am 24. Mai 1972 die endgültige Indienststellung für die Marineschule Mürwick.

Die **NORDWIND** ist loggergetakelt, hat eine Vermessung von 78,42 BRT und 24,83 NRT, sie verdrängt ca. 110 t. Die weiteren Daten sind:

Länge über alles einschließlich Klüverbaum:	26,89	m
Länge in der Konstruktionswasserlinie:	20,31	m
Breite über alles:	6,53	m
Breite auf Außenhaut:	6,39	m
Breite auf Spanten:	6,25	m
Konstruktionstiefgang:	2,11	m
Tiefster Punkt Basis Unterkante Kastenkiel:	0,82	m
Seitenhöhe:	2,98	m
Balkenbucht:	0,142	m
Spantabstand:	0,46	m
Tiefgang im Mittel/Außenhaut/Sponung:	2,11	m
Segelfläche: Klüver	37,20	m²
Fock	24,25	m²
Groß	69,37	m²
Besan	34,95	m²
Großmast: Höhe über Basis	25,45	m
Besanmast: Höhe über Basis	20,31	m

Hilfsantrieb: 1 Demag-Fünfzylinder-Zweitakt-Dieselmotor 137 PS/100 kW
1 dreiflügeliger Propeller mit 1,22 m Durchmesser

E-Anlage: 1 Dieselmotor Daimler-Benz OM 616; bis 1980/81 EDieselmotor MWM KWD 415 Z, Zweizylinder, Viertakt mit 16 PS/12 kW

1 Ruder
1 Anker
Rettungsmittel
Navigationsradar

Segelausbildungsboot **NORDWIND**: Längsschnitt/Seitenansicht, Segelplan/Takelriß, Draufsicht ▷

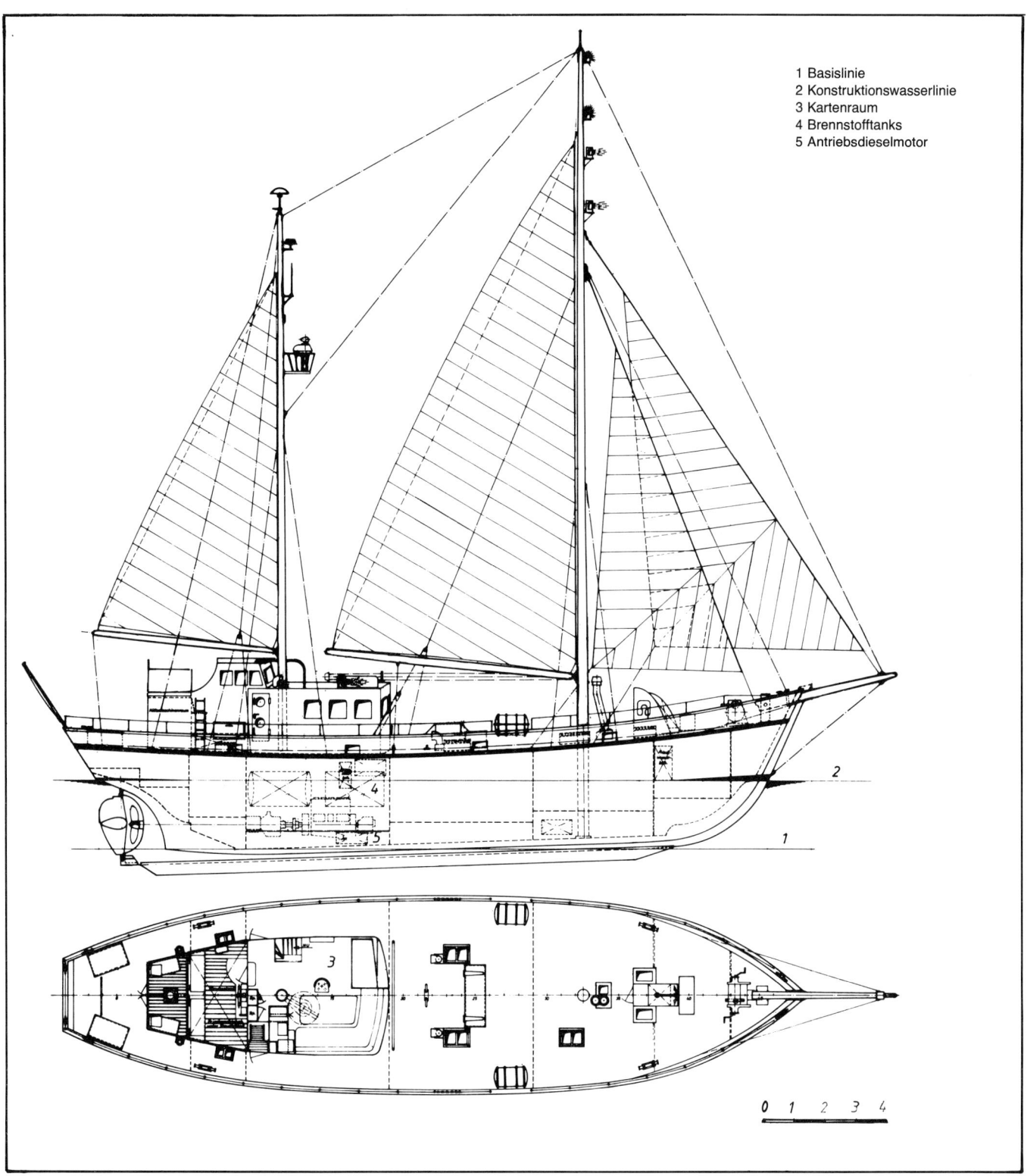

1 Basislinie
2 Konstruktionswasserlinie
3 Kartenraum
4 Brennstofftanks
5 Antriebsdieselmotor

0 1 2 3 4

Die **NORDWIND**, aufgenommen im September 1978 in der Flensburger Förde.

Auf dem oberen Bild sieht man auf der Anhöhe die Kasernenanlagen von Glücksburg, auf dem anderen im Hintergrund Flensburg.

10. Die deutsche Handelsmarine

Mit der wachsenden Industrialisierung Deutschlands und der damit verbundenen Ausweitung des Außenhandels stieg auch der Bedarf an Schiffsraum, d.h., auch die deutsche Handelsflotte vermehrte sich. Damit verbunden war der Bedarf an Besatzungen, in erster Linie gut und voll ausgebildete Offiziere und das entsprechende Stammpersonal. Da sich ein Großteil der Handelsschiffe trotz des sich mehr und mehr verbreitenden Maschinenantriebs noch immer aus großen Segelschiffen zusammensetzte, bot sich hier auch die Möglichkeit einer gezielten Ausbildung an.

Am 12. Januar 1900 wurde der »Deutsche Schulschiff-Verein« durch namhafte Reeder und andere interessierte Kreise der deutschen Wirtschaft gegründet. Die Handelsschiffahrt war im starken Aufblühen. Man war gezwungen, Wege zu suchen, den erforderlichen Bedarf an seemännischem und nautischem Nachwuchs zu erhalten. Nachdem die Mittel für ein erstes Schiff beisammen waren, erging an die damals weltbekannte Tecklenborg-Werft in Geestemünde der Bauauftrag für ein Schulschiff. Es sollte erstmals — für die Handelsmarine — ein reines Schulschiff gebaut werden, das im Gegensatz zu anderen Fahrzeugen keine Fracht mit sich führen sollte. So entstanden nacheinander die **GROSSHERZOGIN ELISABETH, PRINZ EITEL FRIEDRICH** (1910) und 1914 die **GROSSHERZOG FRIEDRICH AUGUST.** Zu diesen Schiffen zählen auch die nach dem Ersten Weltkrieg in Fahrt gekommene **SCHULSCHIFF POMMERN** und die 1927 gebaute **SCHULSCHIFF DEUTSCHLAND.**

Weitere Schulschiffe kamen in werfteigener Regie in Fahrt. Diese waren jedoch keine reinen Schulschiffe. Sie führten Fracht und waren zusätzlich zur Stammbesatzung mit Kadetten und Schiffsjungen bemannt. Das sparte den Reedern zum einen hohe Personalkosten, andererseits bildeten sie so ihren eigenen Nachwuchs aus. Zu diesen Fahrzeugen gehörten die **PAMIR, PEKING, PASSAT** und **PRIWALL** der Reederei Laeisz. Der Norddeutsche Lloyd verfolgte ebenfalls eigene Ziele und brachte die **HERZOGIN SOPHIE CHARLOTTE, HERZOGIN CECILIE, ADMIRAL KARPFANGER** und **KOMMODORE JOHNSEN** in

Fahrt. Die beiden ersteren waren reine Segelschulschiffe, die beiden anderen dazu umgebaute und umgerüstete.

1914 besaß Deutschland eine der größten und modernsten Segelschiff-Flotten, aber nur ungenügend erfahrene Besatzungen. Durch den Ersten Weltkrieg waren diese Schiffe jahrelang stillgelegt, zum großen Teil Auflieger in neutralen Häfen. Nach 1918 kam es nochmals zu einer Art Scheinblüte, denn deutscherseits bestand ein großer Schiffsraumbedarf, hervorgerufen durch die zahlreichen Ablieferungen an die Siegermächte. So gab es 1923 bereits wieder 41 Segelschiffe mit über 500 BRT, das entsprach 20 Prozent des Vorkriegsbestandes. Um Kosten für die Heuer und anderes zu sparen und unter der Last des sich abzeichnenden wirtschaftlichen Zusammenbruchs gingen einzelne Reedereien (zum Teil solche von nur kurzer Existenz, die ebenso schnell wieder verschwanden, wie sie aufgetaucht waren) dazu über, ihre Schiffe als Schulschiffe zu deklarieren. Zum Teil waren es reine, recht fragwürdige Spekulationen und Praktiken. Zu diesen sogenannten »Schulschiffen« zählen z.B. **STERNA** und **WEHRWOLF.** Als die zuständigen Behörden dahinter kamen, wurden Aktivitäten dieser Art unterbunden. Andere Reedereien brachten ebenfalls frachttragende Segelschulschiffe in Fahrt wie die **HAMBURG, OLDENBURG, BREMEN, BOHUS, LANDKIRCHEN, KURT, MOZART, BEETHOVEN, SEUTE DEERN.** Bei der **HEIN GODENWIND** blieb es beim Versuch.

Bei Ausbruch des Zweiten Weltkrieges verfügte die deutsche Handelsflotte nur noch über drei Segelfrachtschiffe: **PADUA, PRIWALL** und **CARL VINNEN** und über drei Segelschulschiffe: **KOMMODORE JOHNSEN, SCHULSCHIFF DEUTSCHLAND** und **SEUTE DEERN.** Hinzu kamen zwei stationäre Schulschiffe: **KAPITÄN HILGENDORFF** und **GROSSHERZOGIN ELISABETH.**

Name	Typ	Bauwerft Baujahr	Daten	Bemerkungen
GROSS-HERZOGIN ELISABETH	Vollschiff	Tecklenborg AG Geestemünde 1901	1260 BRT, 721 NRT Länge in der Konstruktionswasserlinie 68 m Länge über alles 77 m Breite 12,6 m Tiefgang 6,4 m Seitenhöhe 7,5 m E-Anlage: Dieselgenerator Segelfläche: anfangs 1940 m², einschließlich Besan- und Stagsegel 2060 m², später reduziert auf 1700 m²	Erster Schulschiffbau für den Deutschen Schulschiff-Verein. Auftragvergabe an die Tecklenborg-Werft, Geestemünde, Baunummer 176. Stapellauf am 7. März 1901, Antritt der ersten Reise am 31. Mai 1901 in die Ost- und Nordsee. Am 15. September 1901 Antritt zur ersten Auslandsreise, von der das stählerne Vollschiff (mit zwei Decks) am 6. April 1902 zurückkehrte. Folgende Häfen wurden dabei angelaufen: Madeira, St. Vincent, Barbados, Martinique, Dominica, St. Thomas, Havanna, Fayal, Plymouth, Antwerpen. Die Besatzung bestand aus: Kapitän (Korvettenkapitän a. D. Rüdiger), Erster Offizier, vier Ausbildungsoffiziere, ein Arzt, ein Zahlmeister, ein Bootsmann, ein Segelmacher, ein Maschinist, ein Koch, zwei Stewards, vier Matrosen und 31 Seekadetten und 120 Schiffsjungen. Während der ersten Reise im Juni 1901 besuchte Kaiser Wilhelm II. das in Travemünde liegende Schiff. Bei seinem Stapellauf waren unter anderem anwesend: Admiral Köster, Prinz Heinrich von Preußen und der Herzog Adolf Friedrich von Mecklenburg. Der Heimathafen des Schiffes war Elsfleth. 1924/25 geriet das Schulschiff in einen schweren Sturm, wobei die Vorbramstenge von oben kam; bei einer Fahrt nach Riga im Jahre 1931 hatte es eine Kollision mit dem britischen Frachter **EVERMORE**. Im Frühjahr 1932 erfolgte der Verkauf an die Deutsche Seemannsschule in Finkenwerder, wo stationäre Ausbildung betrieben wurde. Im Verlauf des Zweiten Weltkrieges nach Wismar verlegt, erfolgte Angang 1945 die Rückverlegung. Dabei wurde das Schiff nahe Fehmarn durch Tieffliegerangriffe beschädigt. Nach dem Kriege Beute der Siegermächte, 1947 Frankreich zugesprochen. Dort sollte das in **DUCHESSE ANNE** umbenannte Schiff Schulschiff werden, blieb dann aber in Lorient liegen. Seit Ende 1951 liegt es als Hulk, abgetakelt bis auf die Untermasten, in Brest. Die Rufzeichen der **GROSSHERZOGIN ELISABETH** waren NGVL und dann DNAB. Da als reines Schulschiff fahrend, befand sich über das ganze Mittelschiff verteilt Ballast aus Eisenbarren und Kopfsteinen, außerdem wurden zehn Zellen mit 100 m³ Frischwasser gefahren. Es hatte eine Dreimastvollschifftakelung mit losen Mars- und Bramstengen. An der Unterrah, den doppelten Mars- und einfachen Bram- und Royalrahen, einschließlich Besan- und Stagsegel konnten 2060 m² Segelfläche gesetzt werden.
PRINZESS EITEL FRIEDRICH	Dreimast-Vollschiff	Blohm & Voss 1909/10	1560 BRT Länge 91 m Breite 12,6 m Tiefgang 5,7 m 1 M.A.N.-Hilfsdieselmotor 430 PSe 1900 m² Segelfläche Besatzung 30 Mann + 120 Kadetten	Schulschiff des Deutschen Schulschiff-Vereins. 1919 Abgabe an die Siegermächte, von denen Weitergabe an Polen. Dort in Dienst als **DAR POMORZA**.

Name	Typ	Bauwerft Baujahr	Daten	Bemerkungen
GROSS-HERZOG FRIEDRICH AUGUST	Dreimastbark	Tecklenborg, Geestemünde 1914	1701 BRT, 3000 t Länge über alles 98 m Breite 12,24 m Tiefgang 5,1 m Seitenhöhe 7,1 m Länge in der KWL 78,69 m Segelfläche 2000 m^2 1 Hilfsdieselmotor 450 PSe (Zweitakt), 1 vierflügelige Schraube Besatzung 24 Mann + 180 Schüler	1914 als Schulschiff, Baunummer 263, für Deutschen Schulschiff-Verein gebaut. 1920 Ablieferung an Feindmächte und Weitergabe an Norwegen. Dort in Fahrt als **STATSRAAD LEHMKUHL**. 1940 deutsche Beute, ab August 1940 Beischiff Bootsverband Bergen, ab Oktober 1940 Beischiff Küstensicherungsverband Bergen, jetzt mit dem Namen **WESTWÄRTS**. 1945 Rückgabe. Ab Mai 1948 wieder **STATSRAAD LEHMKUHL**. Bis 1973 Museumsschiff in Bergen, ab 1984 wieder in Fahrt.
SCHUL–SCHIFF POMMERN ex **ELFRIEDA** ex **AMASIS**	Dreimastbark	Russel & Co., Port Glasgow 1893	1632 BRT Länge 72 m Breite 11,5 m Tiefgang 6,9 m	Vom Stapel als **AMASIS**, später **SAXON**. 1927 von der Reederei Vinnen erworben und nach Umbau bei Tecklenborg, Bremerhaven, in Fahrt als **ELFRIEDA**, dann erworben vom Deutschen Schulschiff-Verein und umbenannt in **SCHULSCHIFF POMMERN**. Es war somit das dritte Segelschulschiff dieser Institution. Das Schiff war aus Eisen gebaut, hatte drei Masten, an Fock- und Großmast je doppelte Mars- und Bramrahen, aber keine Royals. Am Kreuzmast (Besanmast) saß ein Gaffelsegel. An Bord befanden sich zur Stabilitätserhöhung 1500 t Sandballast. Der Heimathafen war Elsfleth. Am 4. Oktober 1928 Antritt zur ersten Reise von Bremerhaven aus. An Bord: Kapitän Reimers, drei Offiziere, ein Arzt, ein Zahlmeister, sieben Unteroffiziere, zwei Vollmatrosen, 44 Leichtmatrosen (zum Teil schon mit mehr als 12monatiger Bordzeit) und 20 Schiffsjungen. Das Schiff geriet bei der Rückreise im Sturm eingangs des Ärmelkanals in eine so kritische Lage, daß SOS gegeben werden mußte. Das Einschleppen des mit gebrochenen Masten und großer Schlagseite treibenden Schiffes durch die Bergungsschlepper **HEROS** und **SEEFALKE** nach Plymouth mißlang. Das Schiff wurde zur Insel Guernsey getrieben und strandete dort am 25. November. Zuvor war es dem Schlepper **HEROS** gelungen, die gesamte Besatzung von 79 Mann zu retten. Da es nach der Strandung nicht gesunken war, gelang es anderen Bergern, das Wrack am 29. November nach St. Malo einzuschleppen.
SCHUL-SCHIFF DEUTSCH-LAND	Dreimast-Vollschiff	Tecklenborg, Bremerhaven 1927	1257 BRT, 770 NRT Länge über alles 86,2 m; Länge in der Konstruktionswasser-linie 68 m Breite 11,96 m Tiefgang 5 m Seitenhöhe 7,3 m 1900 m^2 Segelfläche Besatzung sechs Offiziere, ein Arzt, ein Zahlmeister, 12 Unteroffiziere, 120 Jungen	Auftragserteilung durch Deutschen Schulschiff-Verein 1926. Stapellauf am 14. Juni 1927, erste Probefahrt 10. August 1927 bis 31. August 1927. Auslaufen erste Reise 26. September 1927, Rückkehr 19. Februar 1928; sie führte nach Funchal, Rio de Janeiro, Kapstadt und St. Helena. Die nachfolgende Reise währte vom 20. April 1928 bis 18. August 1928 und beschränkte sich auf die Ostsee. 1939 hielt sich das Schiff von Oktober bis März im Südatlantik auf. Weitere Reisen absolvierte es in der Ost- und Nordsee mit Besuchen in Dänemark, Schweden, Finnland und Großbritannien. Zwischen 1930 und 1936 wurden neben den Seefahrtschülern auch Flugschüler ausgebildet. Ab 1933 spürbarer Einfluß der NSDAP in Form der Marine-SA und Marine-Hitlerjugend. Bei Kriegsausbruch lag das Schiff in seinem Heimathafen Elsfleth. 1940 Auflieger in der Strander Bucht

Name	Typ	Bauwerft Baujahr	Daten	Bemerkungen
				bei Kiel mit abgenommenen Oberrahen und gefierten Stengen. Trotzdem Fortsetzung des Segelbetriebes. Dabei Besuche in den baltischen Häfen. 1940, 1942, 1943 und 1944 Überwinterung in Lübeck, 1941 in Stettin. 1942 Einbau einer MES-Anlage. Von März bis Juni 1945 Benutzung als Lazarettschiff. 1945 auf Befehl der Siegermächte nach Cuxhaven verlegt und dort vom 12. September 1946 bis 1. Januar 1948 Wohnschiff der II. Minenräumdivision der GMSA. Nach Rückgabe an den Deutschen Schulschiff-Verein Verlegung in Werft AG. Weser, Bremen. Nach Überholung vom 6. März 1949 bis März 1952 schwimmende Jugendherberge im Europahafen, Bremen. Mit dem 1. April 1952 stationäres Schulschiff des Deutschen Schulschiff-Vereins in Bremen. Eine Werftliegezeit im Jahre 1987 hat gezeigt (die erste nach 30 Jahren), daß sich das Schiff noch in einem sehr guten Zustand befindet.

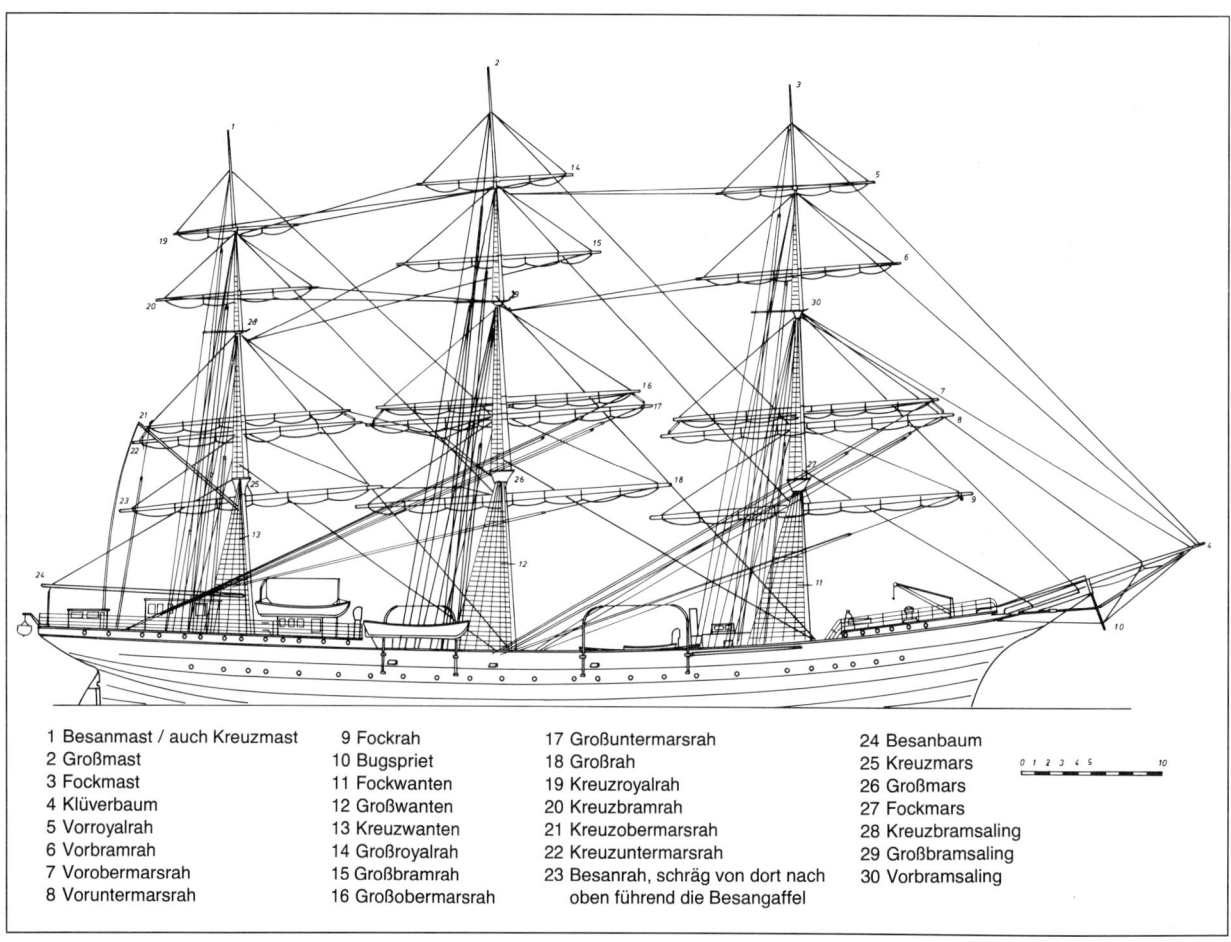

1 Besanmast / auch Kreuzmast
2 Großmast
3 Fockmast
4 Klüverbaum
5 Vorroyalrah
6 Vorbramrah
7 Vorobermarsrah
8 Voruntermarsrah
9 Fockrah
10 Bugspriet
11 Fockwanten
12 Großwanten
13 Kreuzwanten
14 Großroyalrah
15 Großbramrah
16 Großobermarsrah
17 Großuntermarsrah
18 Großrah
19 Kreuzroyalrah
20 Kreuzbramrah
21 Kreuzobermarsrah
22 Kreuzuntermarsrah
23 Besanrah, schräg von dort nach oben führend die Besangaffel
24 Besanbaum
25 Kreuzmars
26 Großmars
27 Fockmars
28 Kreuzbramsaling
29 Großbramsaling
30 Vorbramsaling

Segelschulschiff **GROSSHERZOGIN ELISABETH**: Seitenansicht

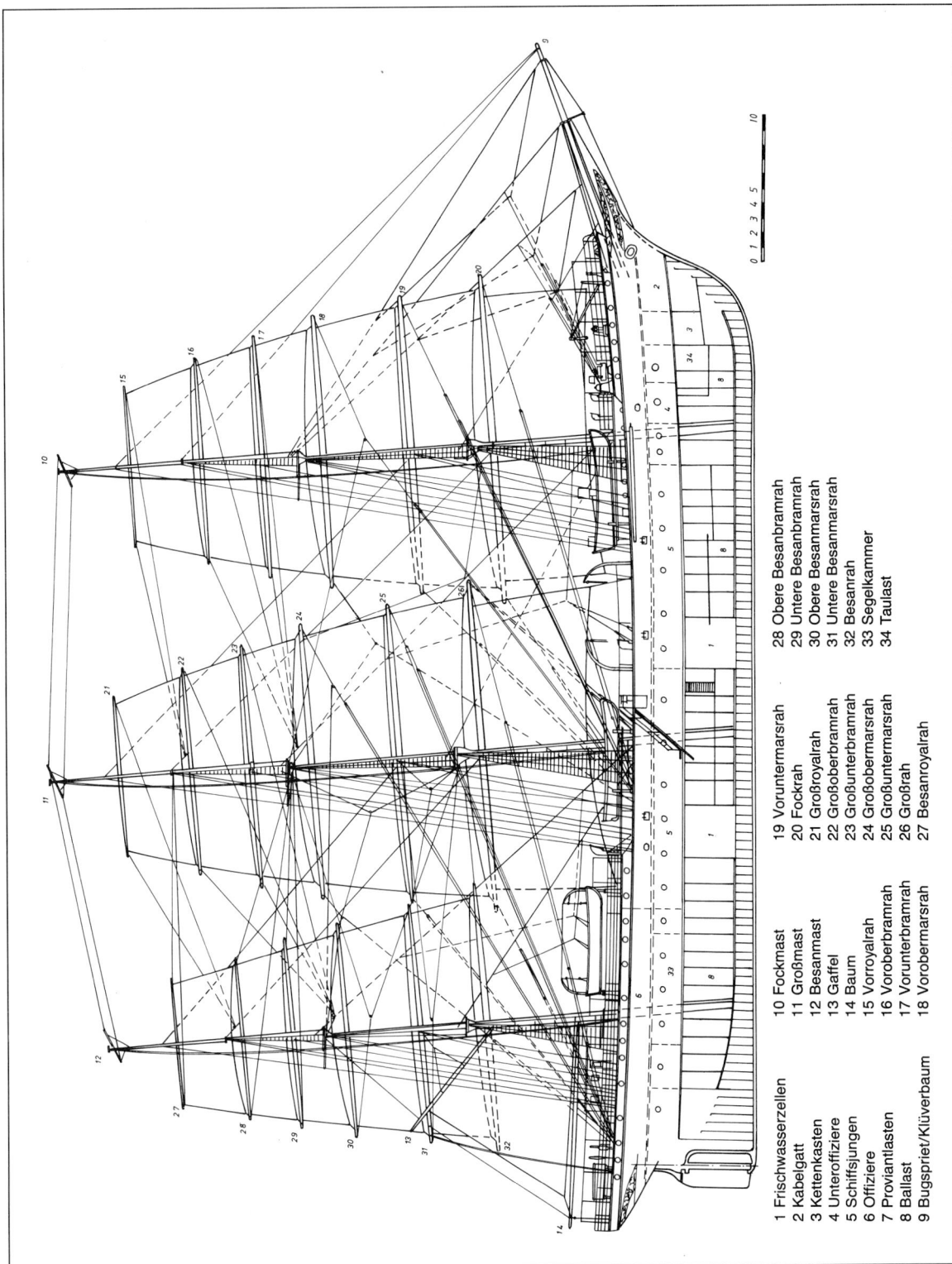

1 Frischwasserzellen
2 Kabelgatt
3 Kettenkasten
4 Unteroffiziere
5 Schiffsjungen
6 Offiziere
7 Proviantlasten
8 Ballast
9 Bugspriet/Klüverbaum

10 Fockmast
11 Großmast
12 Besanmast
13 Gaffel
14 Baum
15 Vorroyalrah
16 Voroberbramrah
17 Vorunterbramrah
18 Vorobermarsrah

19 Voruntermarsrah
20 Fockrah
21 Großroyalrah
22 Großoberbramrah
23 Großunterbramrah
24 Großobermarsrah
25 Großuntermarsrah
26 Großrah
27 Besanroyalrah

28 Obere Besanbramrah
29 Untere Besanbramrah
30 Obere Besanmarsrah
31 Untere Besanmarsrah
32 Besanrah
33 Segelkammer
34 Taulast

SCHULSCHIFF DEUTSCHLAND: Längsschnitt/Seitenansicht, Takelriß/Segelplan
(Zustand nach Fertigstellung als Schulschiff)

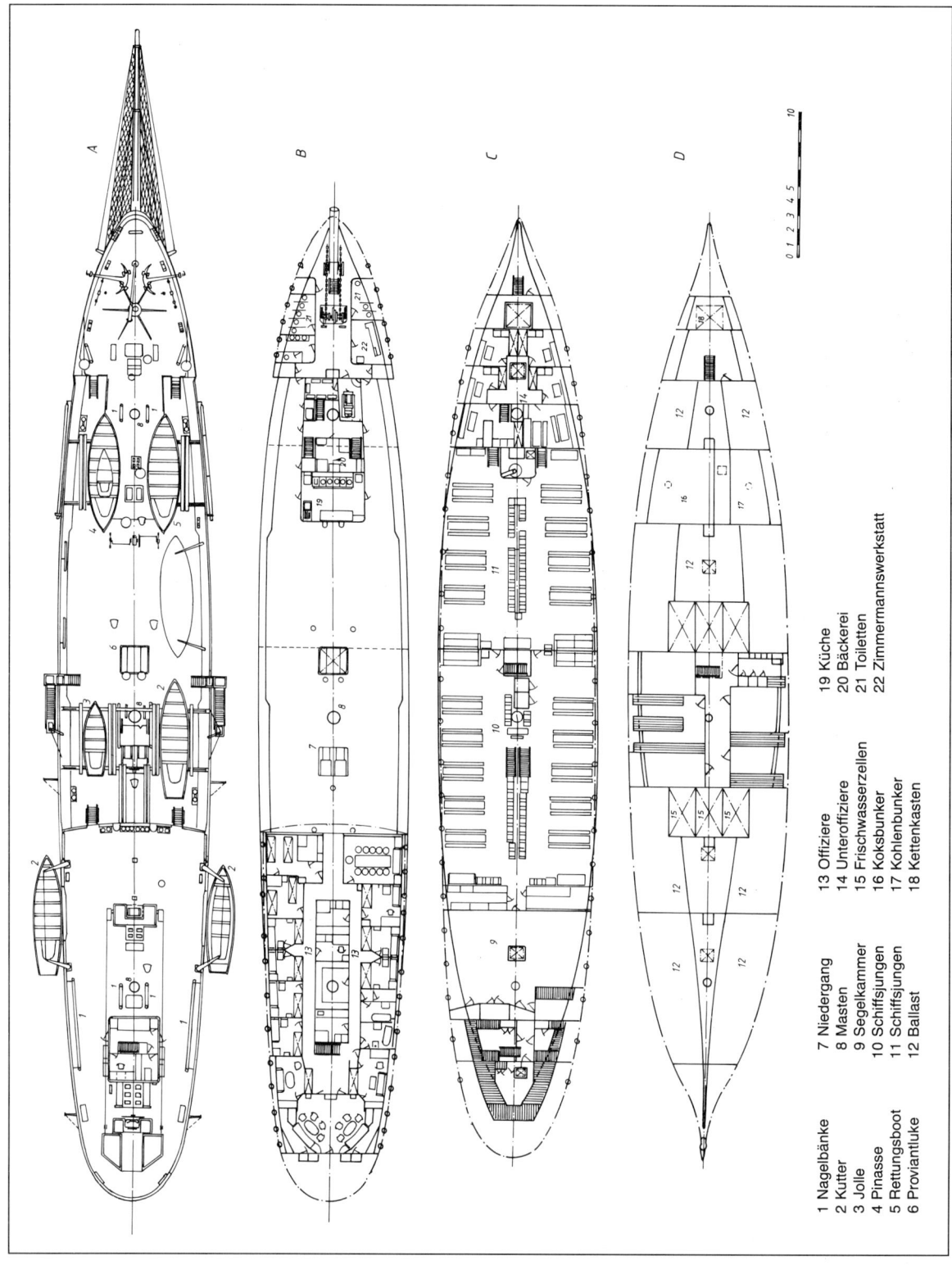

1 Nagelbänke
2 Kutter
3 Jolle
4 Pinasse
5 Rettungsboot
6 Proviantluke

7 Niedergang
8 Masten
9 Segelkammer
10 Schiffsjungen
11 Schiffsjungen
12 Ballast

13 Offiziere
14 Unteroffiziere
15 Frischwasserzellen
16 Koksbunker
17 Kohlenbunker
18 Kettenkasten

19 Küche
20 Bäckerei
21 Toiletten
22 Zimmermannswerkstatt

SCHULSCHIFF DEUTSCHLAND: A Draufsicht, B Hauptdeck, C Zwischendeck, D Raumplan
(Zustand nach Fertigstellung als Schulschiff)

Name	Typ	Bauwerft Baujahr	Daten	Bemerkungen
PAMIR	Viermastbark	Blohm & Voss 1905	3020, später 3103 BRT 2777 NRT, 4425 tdw Länge über alles 105,1 m; Länge über Klüverbaum 115,3 m Breite 14,1 m Tiefgang 7,98 m Länge in der Konstruktionswasserlinie 96,3 m Segelfläche 3600 - 3800 m^2 1 Hilfsdieselmotor, Krupp-Germania-Sechszylinder mit 900 PSe Besatzung: neun Offiziere, 77 Mann (davon 30 Jungleute und 22 Decksjungen)	Am 29. Juli 1905 unter der Baunummer 180 als **PAMIR** vom Stapel gelaufen für Reederei Laeisz. Indienststellung im Oktober 1905. Im Ersten Weltkrieg Zwangsaufenthalt Kanarische Inseln, 1921 Auslieferung an Italien, 1924 von der Reederei Laeisz zurückgekauft. Zahlreiche Reisen, davon allein 18 Fahrten rund Kap Hoorn. 1931 verkauft an finnische Reederei Erikson. Im Juni 1941 in Neuseeland liegend beschlagnahmt und bis 1948 unter dessen Flagge fahrend. 1949 Rückgabe an finnischen Reeder. 1950 — gemeinsam mit der **PASSAT** — nach Belgien verkauft an die Werft van Loo zum Abbruch. Am 1. Juni 1951 Ankauf des Schiffes (und der **PASSAT**) durch Reederei Schliewen, Lübeck, als Schulschiffe. Umbau beider Schiffe einschließlich Takelage und Einbau Hilfsmotor. **PAMIR** erhält die höchste Klasse des Germanischen Lloyd und auch des British Lloyd. Schwierigkeiten der Reederei zwingen zum Verkauf und Erwerb durch die »Stiftung **PAMIR** und **PASSAT**«. Mit Mitteln des Bundes sowie Reedereien in Schleswig-Holstein und Hamburg und der Stiftung kommen beide Schiffe wieder in Fahrt als Segelschulschiffe bei der Korrespondent-Reederei Zerssen & Co., Hamburg. Am 10. August 1957 letzte Ausreise der **PAMIR**. Auf der Rückreise — mit 3780 t Gerste an Bord — durch den Hurrikan »Carrie« gesunken auf Position 35°34'n/40°21'w. Bis zum 28. September 1957 suchten insgesamt 78 Schiffe aus 15 Nationen nach Überlebenden. Von der 86köpfigen Besatzung wurden am 23. September fünf Mann gefunden und am 24. September nochmal einer. Die gefundenen und aufgefischten Trümmer sind heute in einer Gedenkstätte, u.a. in der Jacobikirche in Lübeck, verwahrt. Rufzeichen DKEF
PEKING	Viermastbark	Blohm & Voss 1911	3100 BRT, 2882 NRT, 4700 tdw Länge in der KWL 96 m, Länge über alles 98,1 m Breite 14,3 m Tiefgang 8,5 m	Am 25. Februar 1911 unter der Baunummer 205 als **PEKING** für die Reederei Laeisz vom Stapel gelaufen. Indienststellung im Juni 1911. Nach dem Ersten Weltkrieg abgeliefert und 1923 Rückkauf. 1932 Verkauf nach Großbritannien, dort als **ARETHUSA** Verwendung als stationäres Schulschiff. Rufzeichen RFDT
PASSAT	Viermastbark	Blohm & Voss 1911	3091 BRT, 2882 NRT Länge 98,6 m Breite 14,3 m Tiefgang 7,9 m	Am 20. September 1911 unter der Baunummer 206 als **PASSAT** für die Reederei Laeisz vom Stapel gelaufen. Nach dem Ersten Weltkrieg ausgeliefert an Frankreich. 1922 Rückkauf und Weiterverkauf nach Finnland. 1951 Rückkauf nach Deutschland. Heute stationäres Schulschiff bei der Seemannsschule Lübeck-Travemünde und zugleich Museumsschiff. Eigentümer: Hansestadt Lübeck. Die Indienststellung erfolgte am 25. November 1911. Das Rufzeichen war RDDM
PRIWALL	Viermastbark	Blohm & Voss 1917	3185 BRT, 2834 NRT, 4800 tdw Länge 98,1 m Breite 14,4 m Tiefgang 8 m Seitenhöhe 8,6 m Besatzung 72 Mann	Stapellauf im Juni 1917 unter der Baunummer 234 für die Reederei Laeisz. Indienststellung am 18. März 1920. Rufzeichen RWLN, später DIRQ. 1941 aufgrund Unmöglichkeit Rückkehr Heimat Verkauf an Chile, in Fahrt als **LAUTARO**. Am 18. Februar 1945 durch Brand gesunken.

Name	Typ	Bauwerft Baujahr	Daten	Bemerkungen
HERZOGIN SOPHIE CHARLOTTE ex **ALBERT RICKMERS**	Viermastbark	Rickmers, Bremerhaven 1894	2591 BRT, 2248 NRT 3650 tdw Länge 91,5 m Breite 13 m Tiefgang 7,12 m 110 t Wasserballast als Schulschiff 2935 m² Segelfläche	1895 als frachttragendes Segelschiff **ALBERT RICKMERS** vom Stapel gelaufen. Nachdem im Februar 1900 die ersten 47 Kadetten vom Norddeutschen Lloyd zur Ausbildung eingestellt worden waren, erfolgte der Ankauf, Umbau und die Umbenennung in **HERZOGIN SOPHIE CHARLOTTE**. Beim Umbau Verlängerung der Poop auf 45 m für die Aufnahme bis zu 100 Kadetten. Indienststellung als Schulschiff im März 1900. Erste Reise am 19. April 1900. Zwischen 1900 und 1913 insgesamt 13 Reisen. Mit dem 14. Juli 1913 Verkauf an die Reederei Schlüter & Maack und nunmehr wieder in Fahrt als frachttragendes Segelschiff mit 24 Mann Besatzung. Im Ersten Weltkrieg Auflieger in Chile, 1920 Auslieferung an Großbritannien.
HERZOGIN CECILIE	Viermastbark	Rickmers, Bremerhaven 1902	3242 BRT, 2786 NRT Länge in der Konstruktionswasserlinie 96 m; Länge über alles 116 m Breite 15 m Tiefgang 7,6 m	Als Schulschiff für den Norddeutschen Lloyd gebaut. Am 26. Juli 1914 mit einer Koksladung vor Anker auf der Reede von Guayacan/Herradurabucht in Chile, nahe der Stadt Coquimbo liegend, wegen des Krieges Auslaufverbot. Eigeninitiative von 13 Kadetten, die durch viele Tricks und Manipulationen genügend Geld zusammen bekommen, um ein Schiff zu kaufen: eine 64 Jahre alte Bark Namens **NAUTILUS**. Mit Bordmitteln überholt, läuft dieses Schiff unter dem Namen **TINTO** schließlich heimlich aus und erreicht mit 28 Mann Besatzung die Heimat. Dabei gelingt es, einen britischen Kreuzer und einen Hilfskreuzer zu übertölpeln. Auf dem Schlachtfeld vor dem Skagerrak findet sogar ein kurzes Verweilen zum Gedenken statt. Nach 124 Seetagen und ca. 12000 sm macht die **TINTO** in Drontheim fest. Die **HERZOGIN CECILIE** wurde am 30. September 1920 mit 61 Kadetten an Bord rückgeführt und lief am 26. Dezember in Ostende ein. An die Siegermächte abgeliefert, lag das Schiff lange Zeit in Großbritannien, wurde schließlich nach Finnland verkauft und strandete 1936 vor der englischen Küste und ging unter.
ADMIRAL KARPFANGER ex **L'AVENIR**	Viermastbark	Rickmers, Bremerhaven 1908	2853 BRT, 2371 NRT Länge in der Konstruktionswasserlinie 84,8 m; Länge über alles 87 m Breite 13,6 m Tiefgang 7,7 m Seitenhöhe 8,1 m Besatzung 60 Mann 1 E-Di-Motor (Vierzylinder), 1 E-Di-Motor (Zweizylinder)	Am 2. Mai 1908 unter der Baunummer 155 für einen belgischen Reeder als **L'AVENIR** vom Stapel gelaufen und mit dem 23. Juni 1908 in Fahrt. Später durch finnische Reederei Erikson in Mariehamn erworben und in Fahrt als Fracht- und Passagierschiff. Dann Auflieger in Liverpool. Am 19. Juli 1937 durch die Hamburg-Amerika-Linie angekauft und Umbau bei Blohm & Voss. Dabei Einbau von Funkanlagen, Erneuerung der Takelage (stehendes und laufendes Gut — ohne Masten), Ausbau der Passagiereinrichtungen, dafür Schaffung von Kadettenunterkünften. Nach zwei Monaten Umbauzeit wieder in Fahrt als Segelschulschiff. Auslaufen ohne besondere Einfahrzeit am 20. September 1937 mit Ballast nach Australien, dabei elbabwärts mit Schlepper. Rufzeichen DJTX. Am 12. März 1938 während der Rückreise letzter Funkkontakt, seither verschollen. Später Wrackstücke gefunden an der Südspitze Südamerikas, bei Wollaston-Islands. Das Seeamtsurteil vom 29. April 1939 erklärte den Verlust des Schiffes. Auf der Reise befanden sich an Bord: Kapitän Walker, ein Navigationslehrer, ein Arzt, ein Segelmacher, ein

Name	Typ	Bauwerft Baujahr	Daten	Bemerkungen
				Zimmermann, zwei Köche, ein Steward, zwei Oberheizer, zwei Messejungen, 11 Matrosen (Offizieranwärter vom Deutschen Schulschiffverein), fünf Leichtmatrosen und 31 Schiffsjungen.
KOMMO-DORE JOHNSEN ex **MAGDALENE VINNEN**	Viermastbark	Krupp-Germania Kiel 1919	3476 BRT, 2994 NRT, 5400 tdw als **MAGDALENE VINNEN**; 3572 BRT, 5300 tdw als **KOMMODORE JOHNSEN** Länge des Schiffs-körpers 102 m, Länge über Bugspriet 117,5 m Breite 14,7 m Tiefgang 7,4 m Deplacement als **KOMMODORE JOHNSEN** 3781 t Drei vollgetakelte und ein Gaffelmast, insgesamt 3400 m² Segelfläche, ohne Hilfssegel 1 Hilfsdieselmotor mit 550 PSe Geschwindigkeit 6 kn (voll beladen), 8 kn (in Ballast) Besatzung 75 Mann Als Schulschiff 50 - 60 Offizieranwärter	Auftragvergabe an die Krupp-Germania-Werft in Kiel im April 1919. Stapellauf am 25. September 1921 als **MAGDA-LENE VINNEN** für die Reederei Vinnen, Bremen. Unter-scheidungssignal QLJM. Nach einigen Reisen stand das Schiff ab Frühjahr 1936 zum Verkauf und wurde vom Norddeutschen Lloyd erworben, um zum Segelschulschiff umgebaut zu werden. Am 12. August 1936 unter Umbenennung in **KOMMODORE JOHNSEN** als Segelschulschiff in Dienst gestellt. Rufzeichen nun DDFN. Im Oktober 1936 Auslaufen zur ersten Reise von Bremen mit dem Ziel Montevideo mit Kapitän, fünf Offi-zieren, zwei Ingenieuren, einem Zimmermann, einem Segel-macher, einem Maschinenunteroffizier, einem Koch, zwei Kochsgehilfen, zwei Stewards und 60 Offizieranwärtern, von denen 20 Vollmatrosen, 20 Leichtmatrosen und 20 Schiffs-jungen waren. Am 8. Januar 1937 Auslaufen Buenos Aires, und im Verlauf der Rückreise ab 1. März Orkan, in dem das Schiff eine nicht zu begradigende Schlagseite von 20° nach Backbord erhielt. Das Kreuzuntermarssegel und das Vor-untermarssegel wurden eingenommen. Die Schlagseite nahm weiter zu auf 35° mit Neigungen bis zu 45°. Das alles wurde hervorgerufen durch die Ladung: 5000 t loser Weizen (nur teilweise in Säcken) und zusätzlich 500 t Bulk-Ladung. Trotz zahlreicher Versuche der Besatzung, die Ladung umzu-stauen, erhöhte sich die Schlagseite auf 50°. Am 3. März wurde SOS gegeben, da nun auch Wasser ins Schiff eindrang. Als der Sturm nachließ, gelang es schließlich, das Schiff aus seiner mißlichen Lage zu befreien. Durch das Außenbords-pumpen von Öl konnte die Schlagseite etwas beseitigt werden, und später hatte auch das Lenzen des eingedrun-genen Wassers einigen Erfolg. Ein erneuter Sturm am 7./8. März wurde gut überstanden, desgleichen weitere widrige Wetterverhältnisse in den nachfolgenden Tagen. Am 18. März 1937 machte das Schiff wohlbehalten in Hamburg fest. Die zweite Reise begann am 19. April 1937 und ging nach Australien und von dort um Kap Hoorn herum wieder nach Hause, allerdings nach Falmouth; sie verlegte dann nach London, von wo die dritte Reise angetreten wurde, erneut nach Südamerika. Am 15. Mai 1937 war das Schiff wieder in Hamburg. Eine vierte Reise führte nach den Seychellen, Australien und Neuseeland, und am 11. August 1939 machte das Schulschiff in Bremerhaven fest. 1945 Beute der Siegermächte, wurde das Schiff der Sowjet-union zugesprochen, die sie unter dem Namen **SEDOW** in Dienst stellte.

Name	Typ	Bauwerft Baujahr	Daten	Bemerkungen
KURT	Viermastbark	1904	3104 BRT	Fuhr für die Reederei Siemens & Co., Hamburg. 1914 in den USA beschlagnahmt, später in Fahrt als **MOSHULU**, 1935 finnisch, dann norwegisch. 1940 deutsche Beute. 1945 Beute Siegermächte, 1952 Rückkauf, Auflieger, 1972 in die USA verkauft, im Schlepp nach dort.
MOZART	Viermast-Brigantine		2003 BRT	Fuhr für die Reederei A. C. de Freitas, Hamburg
BEETHOVEN	Viermast-Brigantine		2005 BRT	Fuhr für die Reederei A. C. Freitas, Hamburg
STERNA	Dreimastbark	1890	1412 BRT, 1314 NRT Länge 69,9 m Breite 11 m Tiefgang 6,3 m Besatzung 21 Mann	1923 wurde dieses im Oktober 1890 vom Stapel gelaufene Schiff von der Reederei Küstentransport- und Bergungs-Co., Hamburg (1922 gegründet, 1927 erloschen) angekauft und nach Umbau bei der Schiffswerft Koch, Lübeck (unter der Baunummer 36), als Schulschiff klariert, in Fahrt gebracht. Rufzeichen RFBW. Im August 1924 in einem Sturm im Südatlantik entmastet und trotz Einbringung nach Montevideo zum Totalverlust erklärt.
WEHRWOLF ex **FREYA**	Dreimastbark			1924 angekauft von der Adler-Reederei, Hamburg (gegründet 1923, erloschen 1925) und als Schulschiff klariert. Rufzeichen RVQC. Am 4. Oktober 1924 auf der Reise von Wiborg nach Kiel, kurz nach Auslaufen Abgabe Seenotruf. Die deutschen Reichsbehörden setzten hiernach dem Unwesen dieser sogenannten »Schulschiffe« ein Ende.
HAMBURG ex **MARECHAL DE CASTRIES** ex **HENRIETTE**	Dreimast-Vollschiff	Dubigeon, Nantes 1901	1873 BRT, 1797 NRT Länge 78,1 m Breite 11,9 m Tiefgang 6,9 m Seitenhöhe 7,3 m Vermessung als Schulschiff 1985 BRT	1901 unter der Baunummer 465 erbaut für französische Rechnung und in Fahrt als **MARECHAL DE CASTRIES**. 1922 angekauft durch Reederei Schmidt, Hamburg und umbenannt in **HENRIETTE**, Rufzeichen RDBG. 1924 Umbau zum Schulschiff **HAMBURG**, Miteigner nun Deutscher Segelschulschiffverein. 1926 abgebrochen.
OLDENBURG ex **LAENNEC**	Dreimast-Vollschiff	Penhoet 1902	2259 BRT, 2009 NRT Länge in der Konstruktionswasserlinie 82,8 m; Länge über alles 96,4 m Breite 12,4 m Tiefgang 5 m Seitenhöhe 6,9 m	Unter der Baunummer 30 als **LAENNEC** für französische Rechnung gebaut. 1923 Ankauf durch Reederei Schmidt, Hamburg und in Fahrt als Schulschiff, Rufzeichen RDGQ, nachdem 1927 durch die Bremer Segelschiffs-Reederei erworben. 1930 verkauft nach Finnland, dort in Fahrt als **SOUMEN**.
BREMEN ex **LISBETH** ex **RENE**	Dreimastbark	Chantiers Ateliers de la Loire, St. Nazaire 1902	2470 BRT, 2144 NRT Länge 85,4 m Breite 12,2 m Tiefgang 6,9 m Seitenhöhe 7,3 m	1902 erbaut als **RENE** und 1923 erworben von Reederei Schmidt, Hamburg, umbenannt in **LISBETH**. 1926 weiterverkauft an Seedienst Ostpreußen und umbenannt in **BREMEN**. Rufzeichen RCJG. 1933 abgebrochen.
BOHUS ex **BERTHA**	Dreimastbark	Grangemouth 1892	1640 BRT, 1561 NRT Länge 75,7 m Breite 11,7 m Tiefgang 6,8 m	Im Juli 1892 unter der Baunummer 163 vom Stapel gelaufen und unter dem Namen **BOHUS** in Fahrt für schwedischen Eigner, dann finnisch, später norwegisch. In Norwegen umbenannt in **BERTHA**. 1924 angekauft für die Adler Reederei, Hamburg und weiterverkauft an Reederei Beulwitz, Dönitz, Will & Co., Hamburg. Am 26. April 1924 bei den Shetlands untergegangen. Rufzeichen RCHG.

Name	Typ	Bauwerft Baujahr	Daten	Bemerkungen
LAND-KIRCHEN- ex **GLÜCKSTADT** ex **GLENELVAN**	Dreimast-Vollschiff	Rodger 1895	1917 BRT, 1768 NRT Länge 80,9 m Breite 12,2 m Tiefgang 7 m	1895 unter Baunummer 311 gebaut und in Fahrt als britisch **GLENELVAN**. 1922 angekauft durch Reederei Schröder, Hölker & Fischer, Hamburg und umbenannt in **GLÜCK-STADT**. 1924 weiterverkauft an Reederei Beulwitz, Dönitz, Will & Co., Hamburg über Adler-Reederei und in Fahrt als **LANDKIRCHEN**. 1925 nach Italien verkauft, dort in Fahrt als **GUARNERI**. Am 18. Dezember 1926 gesunken. Rufzeichen als **LANDKIRCHEN** RFQL, später DCSE.
SEUTE DEERN ex **BANDI** ex **ELIZABETH BANDI**	Dreimastbark	Gulfport Shipbuilding Co., Gulfport 1919	814 BRT, 1000 tdw Länge in der Konstruktionswasserlinie 55,1 m; Länge über alles 61,3 m Breite 11 m Tiefgang 4,6 m Besatzung 26 Mann	1919 vom Stapel gelaufen als **BANDI** für finnischen Eigner, später amerikanisch **ELIZABETH BANDI**. 1938 von der Reederei John T. Essberger angekauft als reedereieigenes Schulschiff. 1945 Verwendung als Hotelschiff, ab 1954 niederländisch **PIETER A. KOERTS** und 1964 deutsch **SEUTE DEERN**, heute Restaurations- und Museumsschiff in Bremerhaven, Deutsches Schiffahrtsmuseum. Bis 1943 führte das Schiff regelmäßig Ausbildungsfahrten in der Ostsee durch.
HEIN GODENWIND ex **FAITH** ex **MARECHAL SUCHET** ex **PELLWORM**	Dreimastbark	Chantiers Ateliers Penhoet, St. Nazaire 1902	2270 BRT, 1986 NRT Länge 86,7 m Breite 12,4 m Tiefgang 6,9 m Seitenhöhe 7,3 m	1902 als **FAITH** für norwegischen Reeder gebaut, später französisch **MARECHAL SUCHET**. Baunummer 33. 1925 angekauft und umbenannt in **PELLWORM**. Die Absicht, aus ihr ein Schulschiff zu machen, wurde nie realisiert. Bis 1926 diente sie als Wohnschiff, 1926 erfolgte die Auflegung und 1933 der Ankauf durch die Reederei Laeisz. Rufzeichen DILZ. Umbenennung in **HEIN GODENWIND**. Auch jetzt stationäre Verwendung als schwimmende Jugendherberge. Ab 6. November 1939 Beischiff des Schweren Kreuzers **ADMIRAL HIPPER** in Hamburg und ab 14. Februar 1940 Büroschiff für die Bauaufsicht der Werft Blohm & Voss. 1942 Büroschiff der 8. Kriegsschiff-Baubelehrungs-Abteilung. Am 25. Juli 1943 durch Bomben irreparabel beschädigt und ab 9. Februar 1944 im Kurischen Haff als Zielhulk der Luftwaffe versenkt.

Zwei Aufnahmen des Segelschulschiffes **ADMIRAL KARPF-ANGER**, zum einen mit eingenommenen Segeln, zum anderen unter Segeln.

Zwei Aufnahmen des Segelschulschiffes **KOMMODORE JOHN-SEN** unter Segeln und im Hafen liegend. ▷

Das Segelschulschiff **BREMEN**. △

Das Segelschulschiff **SEUTE DEERN**. ▽

108

Das Segelschulschiff **HERZOGIN CECILIE** unter Segeln.

Zwei Aufnahmen der gestrandeten **HERZOGIN CECILIE** im Jahre 1936 vor der englischen Küste.

Die **GROSSHERZOGIN ELISABETH** unter Segeln.

Die frühere **GROSSHERZOGIN ELISABETH**, nach dem Zweiten Weltkrieg an Frankreich ausgeliefert, erhielt dort den Namen **DUCHESSE ANNE**, kam aber nie mehr in Fahrt. Abgerüstet bis auf die Untermasten liegt sie hier am 4. Juni 1971 in Brest vor dem ehemaligen deutschen Uboot-Bunker.

Seite 110 oben: Das Segelschulschiff **GROSSHERZOGIN ELISA-BETH** im Hafen.

Seite 110 unten: Die **GROSSHERZOGIN ELISABETH** vor Anker liegend mit paradierender Besatzung.

Das Segelschulschiff **PRINZESS EITEL FRIEDRICH** an der Pier liegend. Beachte das in der Flagge geführte Eiserne Kreuz, ein Zeichen dafür, daß es sich bei dem Kapitän des Schiffes um einen Marineoffizier der Reserve handelte.

Das **SCHULSCHIFF POMMERN** unter Segeln.

Das trotz Schleppleine des Bergungsschleppers (vorne rechts sichtbar) mastlos der hohen See preisgegebene und treibende Wrack der **SCHULSCHIFF POMMERN**.

SCHULSCHIFF DEUTSCHLAND unter Vollzeug.

113

SCHULSCHIFF DEUTSCHLAND als stationäres Schulschiff in Bremen liegend. Die Aufnahme ist von 1961, der Liegeplatz ist auch heute noch derselbe.

114

Segelschulschiff **PAMIR**
im Hafen.

Die **PAMIR** unter Segeln.

Immer wieder ein schöner Anblick, die **PAMIR** unter Segeln in hoher Dünung.

Die **PAMIR** beim Absegeln eines Sturmes; einer dieser, aber von schlimmerem Ausmaß, wurde ihr schließlich zum Verhängnis.

Das Segelschulschiff **PEKING** im Hafen an den Dalben liegend.

Das Segelschulschiff **PASSAT**.

Seite 119 oben: Die **PASSAT**, eine Aufnahme aus dem Monat April 1956. Das Schiff kam nach dem Untergang der **PAMIR** nie mehr in Fahrt. Heute liegt sie als stationäres Schulschiff in Lübeck-Trave-münde, zugleich ein Relikt aus der großen Zeit der Segelschiffe.

Seite 119 unten: Das Segelschulschiff **HERZOGIN SOPHIE CHARLOTTE** mit Flaggenschmuck.

Ein Blick auf das Deck der **PASSAT**. Beachte die Lüftungsschächte der Laderäume dieses frachtführenden Schulschiffes.

Mit dem Zusammenbruch des Deutschen Reiches 1945 hörte auch die deutsche Handelsflotte auf zu existieren. Bis auf einen winzig kleinen Rest kleiner und kleinster Fahrzeuge, die man kaum noch als Schiff bezeichnen konnte, verblieb nichts, alles verfiel den Siegermächten als Beute. So war es nur zu natürlich, daß auch kein Bedarf an Schulschiffen bestand, und als die »Alliierten Hohen Kommissare« mit dem 2. April 1951 der jungen Bundesrepublik erlaubten, eine begrenzte Zahl von Hochseeschiffen zu bauen, wurden diese in ihrer Größe und Geschwindigkeit streng limitierten Fahrzeuge vorwiegend für die Versorgung benötigt; genügend Personal war vorhanden, neuauszubildende Seeleute waren kaum gefragt.

Geblieben waren die beiden Segelschiffe **SCHUL-SCHIFF DEUTSCHLAND** und die **SEUTE DEERN**. Das eine als stationäres Schulschiff, das andere fand andere Verwendungen. Das änderte sich in den weiteren Jahren kaum, erst spät — in den 70er Jahren — machten sich gewisse Kreise wieder stark für reine Segelschulschiffe. Nun aber ging es um die Frage der Finanzierung. Es kam zur Gründung von Stiftungen und Fördervereinen, und dabei blieb es bis heute.

Heute gibt es in Bremen das stationäre **SCHUL-SCHIFF DEUTSCHLAND** und in Lübeck-Travemünde bei der dortigen Seefahrtschule — ebenfalls stationär — die **PASSAT**, mehr Museumsschiff als Schulschiff und nur mühsam mit Spenden intakt zu halten.

Im März 1979 wurden auf Initiative eines Kapitäns Rössler eine Art Verein unter der Bezeichnung »Windjammer — Deutsche Seefahrerjugend« ins Leben gerufen. Ziel dieser Vereinigung war, ein ehemaliges Feuerschiff, die **AUSSENJADE**, zum Segelschiff umzubauen und einzusetzen für die damals schon akute Hilfe von Vietnam-Flüchtlingen. Durch vereinsinterne Auseinandersetzungen und sonstige Vorkommnisse blieb alles in den Anfängen stecken.

Feuerschiff **AUSSENJADE** — Unter der Baunummer 162 in den Jahren 1902/03 bei der Werft J. Meyer, Papenburg, erbaut und 1904 für das Kaiserliche Lotsenkommando Wilhelmshaven in Dienst gestellt. Länge zwischen den Loten 36 m, Breite 8,2 m, Konstruktionstiefgang 2,84 m, maximaler Tiefgang 4,7 m, Vermessung 380 BRT, Verdrängung 418/429 t, Seitenhöhe 4,95 m, Besatzung 16 - 16 Mann.

Das Feuerschiff hatte die Station »Alte Jade« und wurde mit dem 26. April 1918 auf die Position Dagö/Oesel verlegt. Mit dem 27. Januar 1919 zurück in die Nordsee und ab 1921 dem Seezeichen- und Lotsenamt Jade unterstellt. 1931 umgebaut, Länge jetzt 41,6 m, außerdem Einbau eines Antriebsdieselmotors mit 500 PSe Leistung. 1939 - 1944 als Feuerschiff 'D' auf Position Wesermündung, seit 1940 mit zwei 2-cm-Flak ausgerüstet.

Am 30. März 1945 in der Westwerft Wilhelmshaven durch Bomben wrackgeworfen. 1946 gehoben und ab Mitte 1946 (noch als Wrack) dem Seezeichenamt Brunsbüttel unterstellt und nach dort geschleppt. 1948 - 1951 Wiederherstellung bei der Beckmannswerft in Cuxhaven, danach erneut dem Wasser- und Schifffahrtsamt Wilhelmshaven unterstellt. Ab 12. Dezember 1951 auf Position »P 8« (gleichzeitig auch Kennung des Schiffes) am Humber-Elbe-Weg. Mit dem 15. November 1972 eingezogen und verlegt auf die Position »TW-Ems« (gleichzeitig auch Kennung des Schiffes). Mit dem 13. März 1978 eingezogen und Außerdienststellung. 1979 als Schenkung des Bundesverkehrsministeriums an Kapitän Rössler, im März 1979 nach Hamburg geschleppt. Der geplante Umbau wurde nicht vollzogen, alle bis dahin nötigen Vorarbeiten wurden von den beteiligten Firmen kostenlos ausgeführt.

In den 80er Jahren wurde der Deutsche Schulschiffverein mit Sitz in Elsfleth/Weser durch Initiative des Kapitänreeders H.W. Janssen zu neuem Leben erweckt. Es wurde ein ehemaliger niederländischer Frachtsegler und späterer Kreuzfahrer erworben und umgebaut. Heute läuft dieses Schiff als Dreimastgaffelschoner unter dem traditionsreichen Namen **GROSS-HERZOGIN ELISABETH**. Das 1909 im niederländischen Ablasserdam erbaute Schiff wurde so hergerichtet, daß es 50 - 60 interessierte Jugendliche unterbringen kann, die in mehrwöchigen Törns an Bord auf Reisen in küstennahen Gewässern die Grundlagen der Seemannschaft lernen.

Und noch eine weitere Initiativgruppe wurde aktiv. In den 80er Jahren kam es zur Gründung »Deutsche Stiftung Sail Training« (DSSI). Das Schulschiff, 1988 in Dienst gestellt, erhielt den Namen **ALEXANDER**

VON HUMBOLDT. Auch in diesem Falle handelt es sich um die Ausbildung von interessierten Jugendlichen wie im Falle der zuvor angeführten **GROSS-HERZOGIN ELISABETH**. Das Schiff selbst ist das ehemalige Feuerschiff **KIEL**.

Feuerschiff **KIEL**	Erbaut im Jahre 1906 bei der Werft AG. Weser (Weserwerft) als **RESERVE FEHMARNBELT**. Länge über alles 53,3 m, Länge zwischen den Loten 46 m, Breite 8 m, Tiefgang 4,58 m. Eine Zweizylinder-Verbundmaschine 160 PSi, ein vierflügeliger Propeller mit 1,6 m Durchmesser, zwei Kessel, 80 t Kohle, Geschwindigkeit 7 kn, VII Abteilungen, Seitenhöhe 5,53 m. Indienststellung 1906 als **RESERVE SONDERBURG** für Position Kalkgrund/Jasmund/Fehmarnbelt. Ab 28. November 1915 Kriegsfeuerschiff **OST**, Position Gjedsersperre. Bewaffnung seit 1914 eine Revolverkanone 3,7 cm. Ab 1916 Station Libau, ab 1917 Station Dünamünde. Mit dem 14. Juni 1919 zurück und jetzt als **RESERVE HOLTENAU** für Position Fehmarnbelt/Jasmund/Adlergrund.

Ab 1939 Bewaffnung zwei 2-cm-Flak. Im Januar 1945 Station Swinemünde, am 4. Mai 1945 in Kiel liegend. Ab 11. September 1946 umgenannt in Feuerschiff **KIEL**. Am 4. Januar 1957 auf Position nach Rammung durch finnischen Frachter **SATU** gesunken. Am 13. Januar 1957 gehoben und instandgesetzt, dabei Einbau eines Dieselmotors, Typ MWM mit sechs Zylindern (Viertakt). Ab 5. 7. 1967 **RESERVE FEHMARNBELT**. Am 1. Oktober 1986 Außerdienststellung und beginnender Umbau zum Segelschulschiff für die Sail Training Association Germany (STAG), vorgesehener Name **CONFIDENTIA**.

Indienststellung als **ALEXANDER VON HUMBOLDT** als Dreimastbark, Rufzeichen DFAW. Daten nach Umbau: Länge über alles 63 m, Länge zwischen den Loten 46,6 m, Breite 8,02 m, Tiefgang 4,88 m, Verdrängung 830 t, Vermessung 394 BRZ, Besatzung 15 + 45 Schüler. Masthöhen: Fockmast 29,8 m (+2 m Stenge), Großmast 31,9 m (+2 m Stenge), Besanmast 28 m, insgesamt 25 Segel mit 1010 m² Fläche. Ein Hilfsdieselmotor Viertakt Typ MAN R 8 V 16/18 T mit 510 PSe/375 kW.

11. Pläne der GORCH FOCK (II)

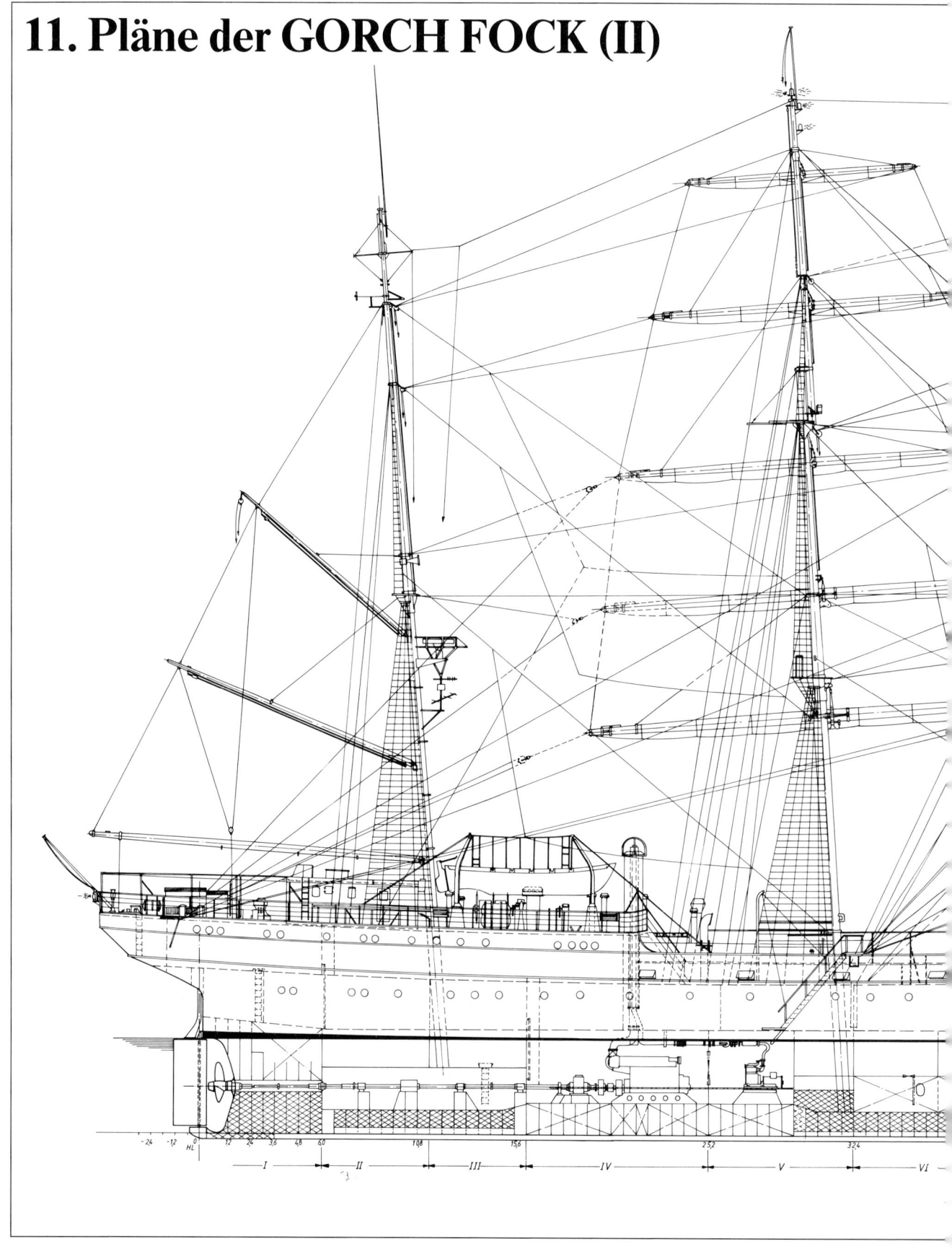

Plan 1: Generalplan: Längsschnitt

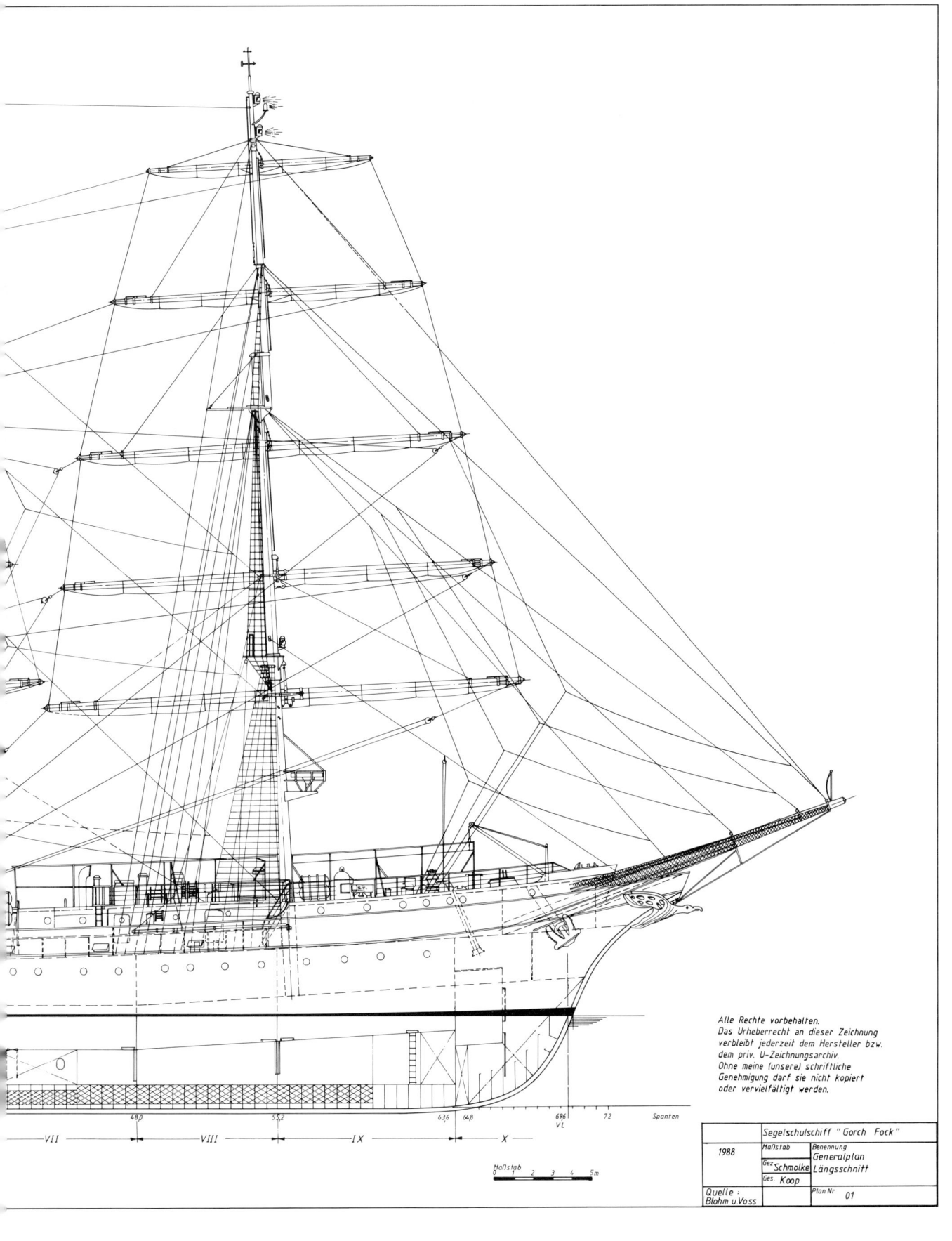

48,0   55,2   63,6 64,8   69,6   72   Spanten
                                        VL

— VII —   — VIII —   — IX —   — X —

Maßstab
0 1   2   3   4   5m

	Segelschulschiff "Gorch Fock"	
	Maßstab	Benennung
1988		Generalplan
	Gez. Schmolke	Längsschnitt
	Ges. Koop	
Quelle : Blohm u.Voss		Plan Nr 01

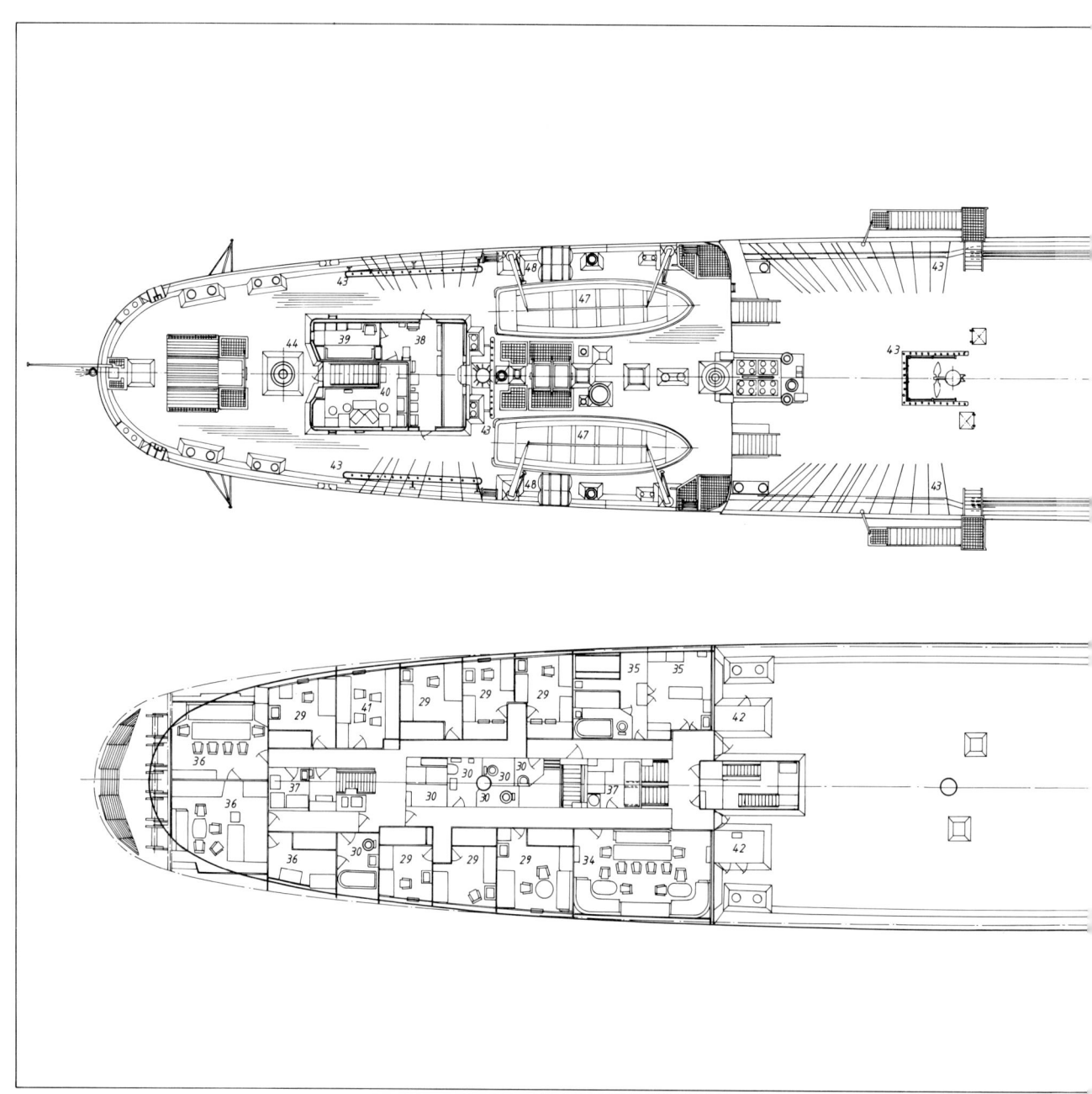

Plan 2: Generalplan: Oberdeck, Hauptdeck

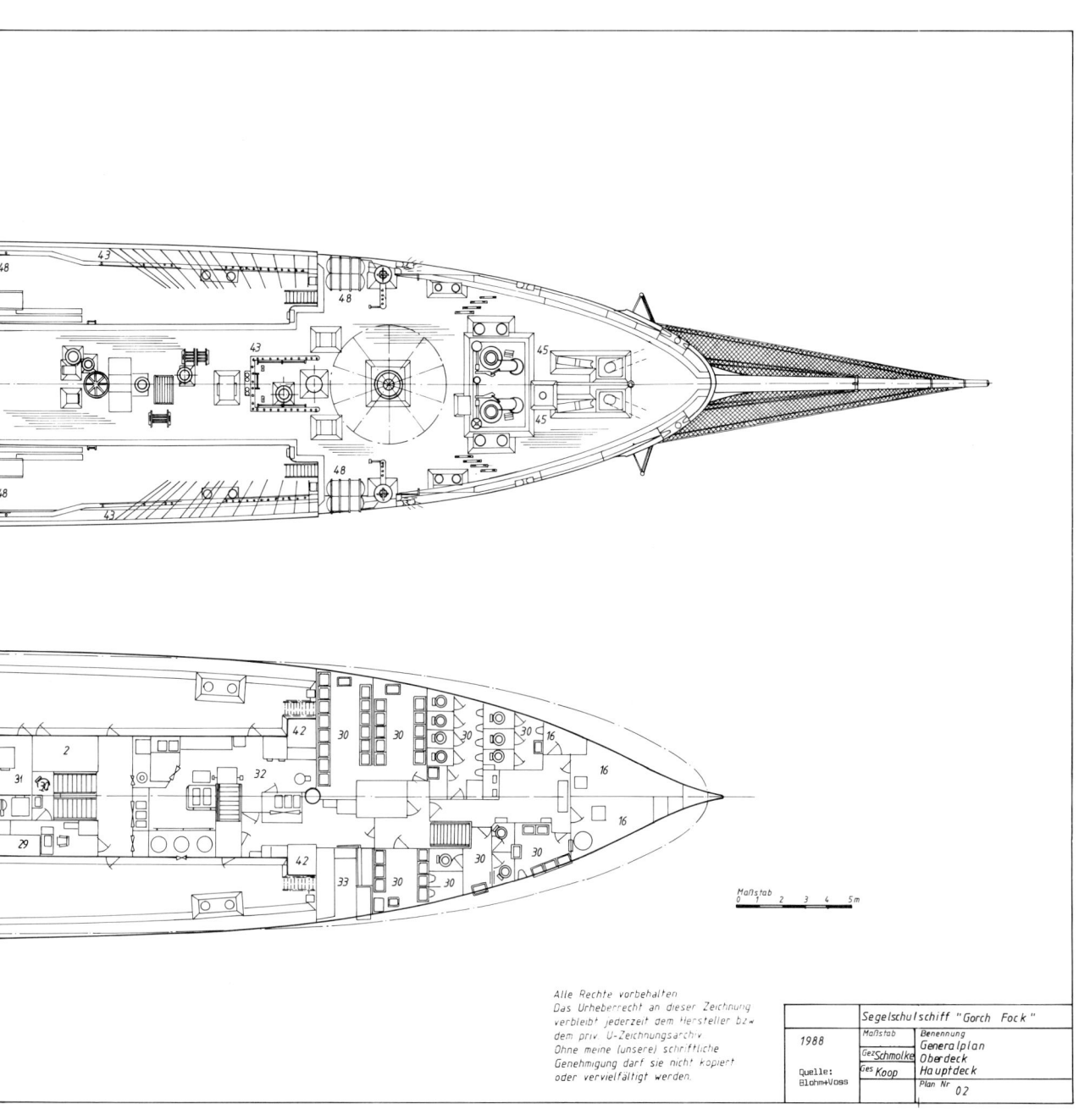

Segelschulschiff "Gorch Fock"		
1988	Maßstab	Benennung
	Gez. Schmolke	Generalplan
		Oberdeck
Quelle:	Ges. Koop	Hauptdeck
Blohm+Voss	Plan Nr	
		02

Maßstab
0 1 2 3 4 5m

125

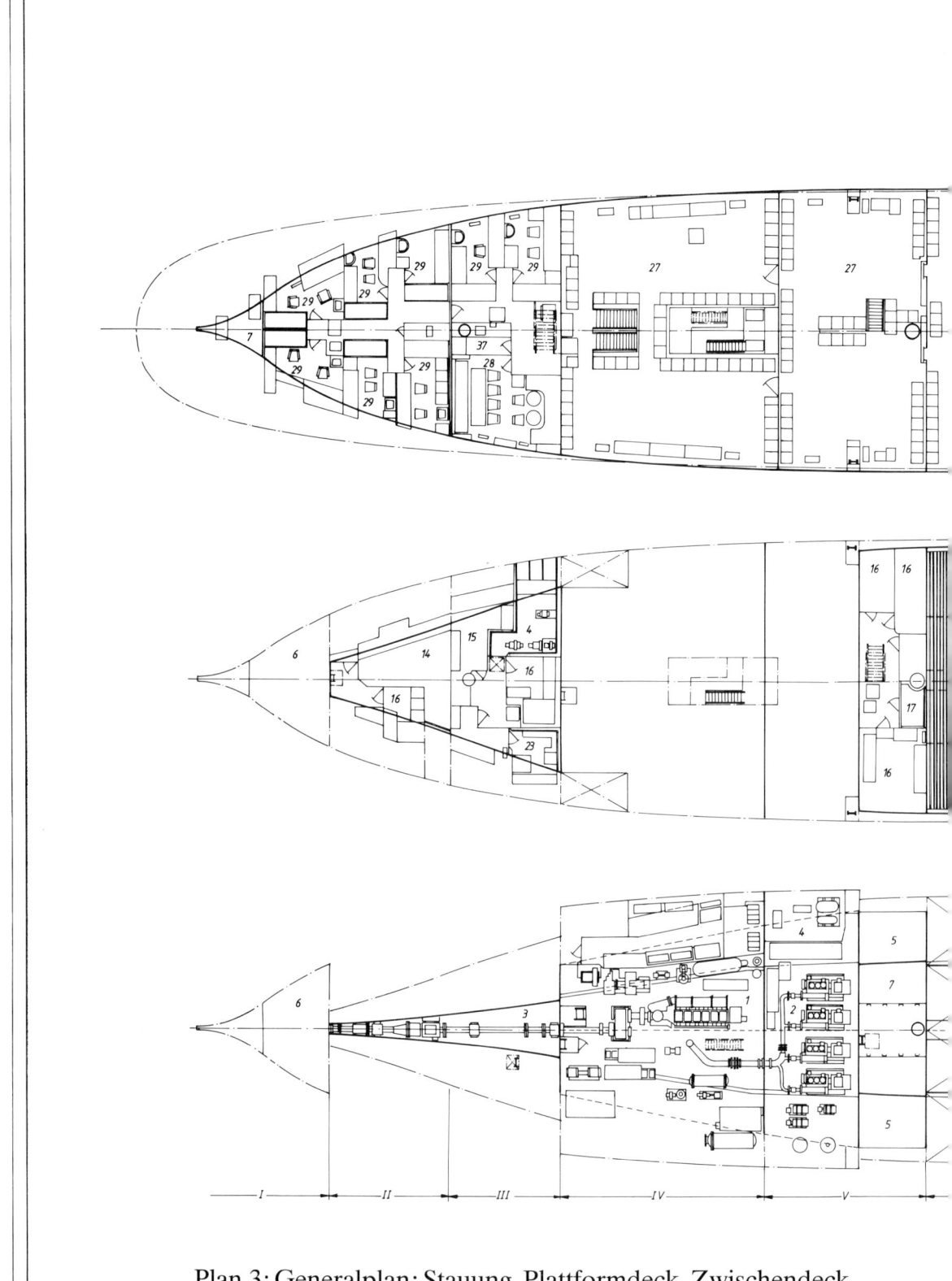

Plan 3: Generalplan: Stauung, Plattformdeck, Zwischendeck

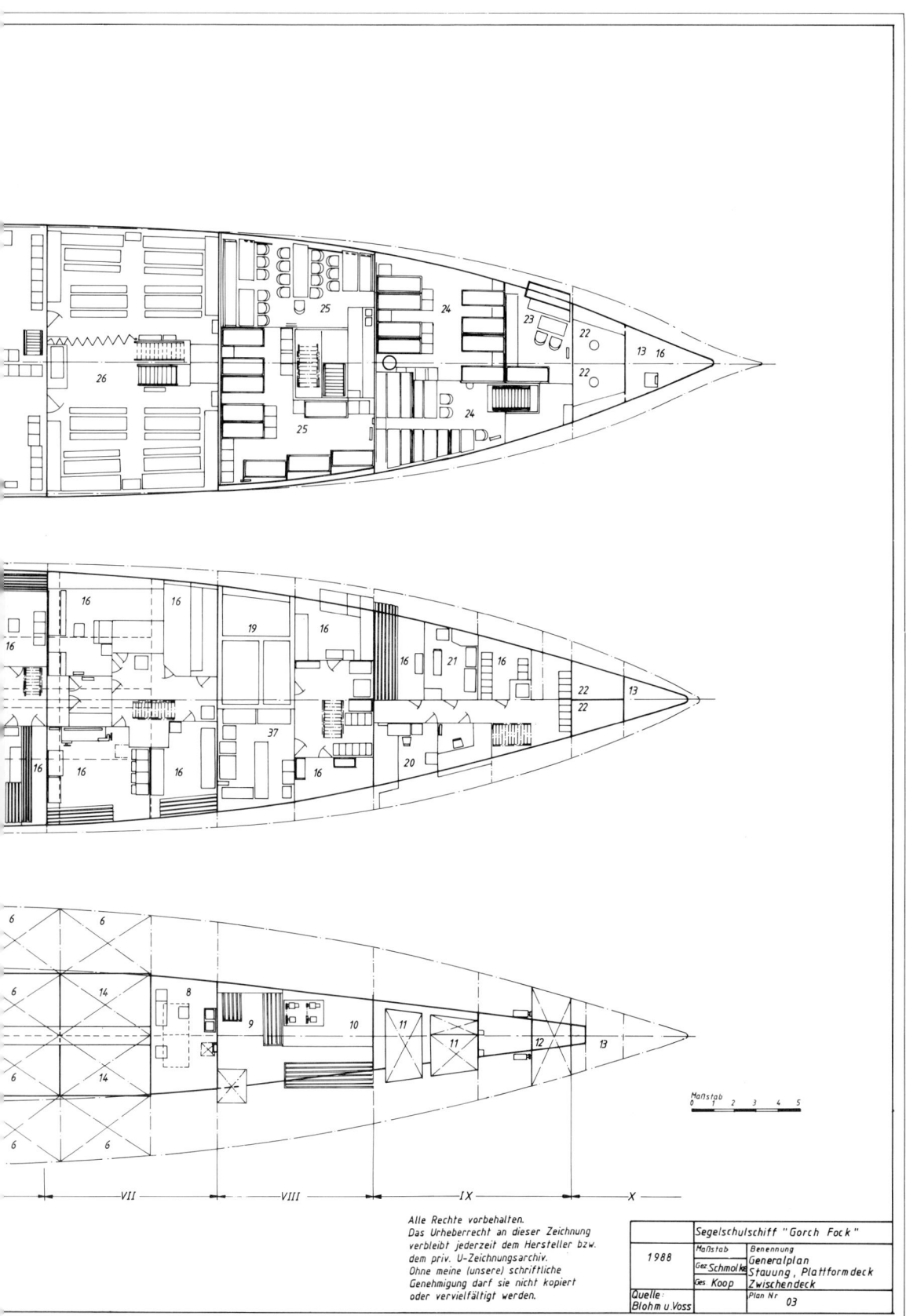

	Segelschulschiff "Gorch Fock"		
	Maßstab	Benennung	
1988	Gez.Schmolke	Generalplan	
	Ges.Koop	Stauung , Plattformdeck	
Quelle: Blohm u.Voss		Zwischendeck	
		Plan Nr 03	

127

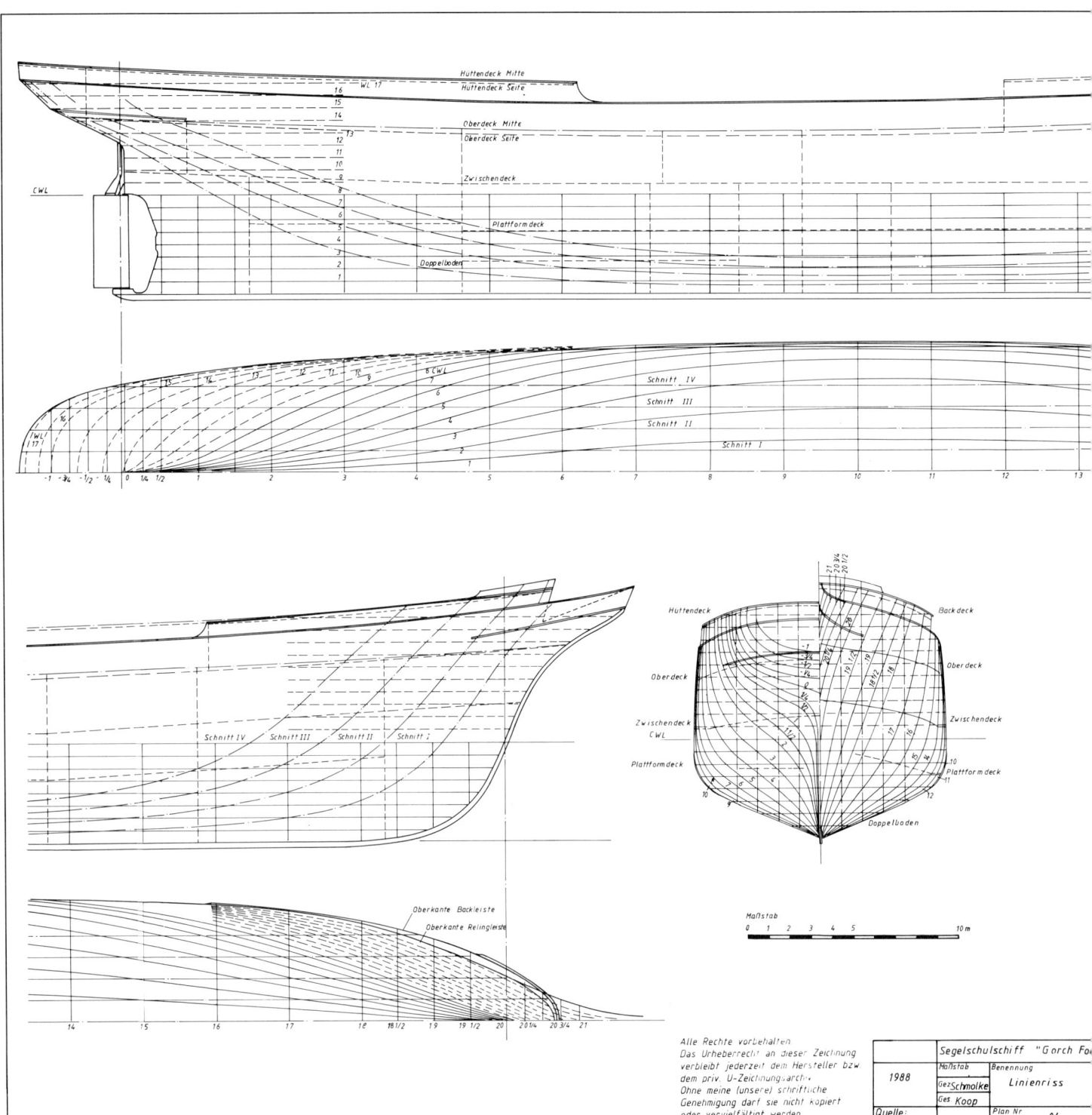

Plan 4: Linienriß

128

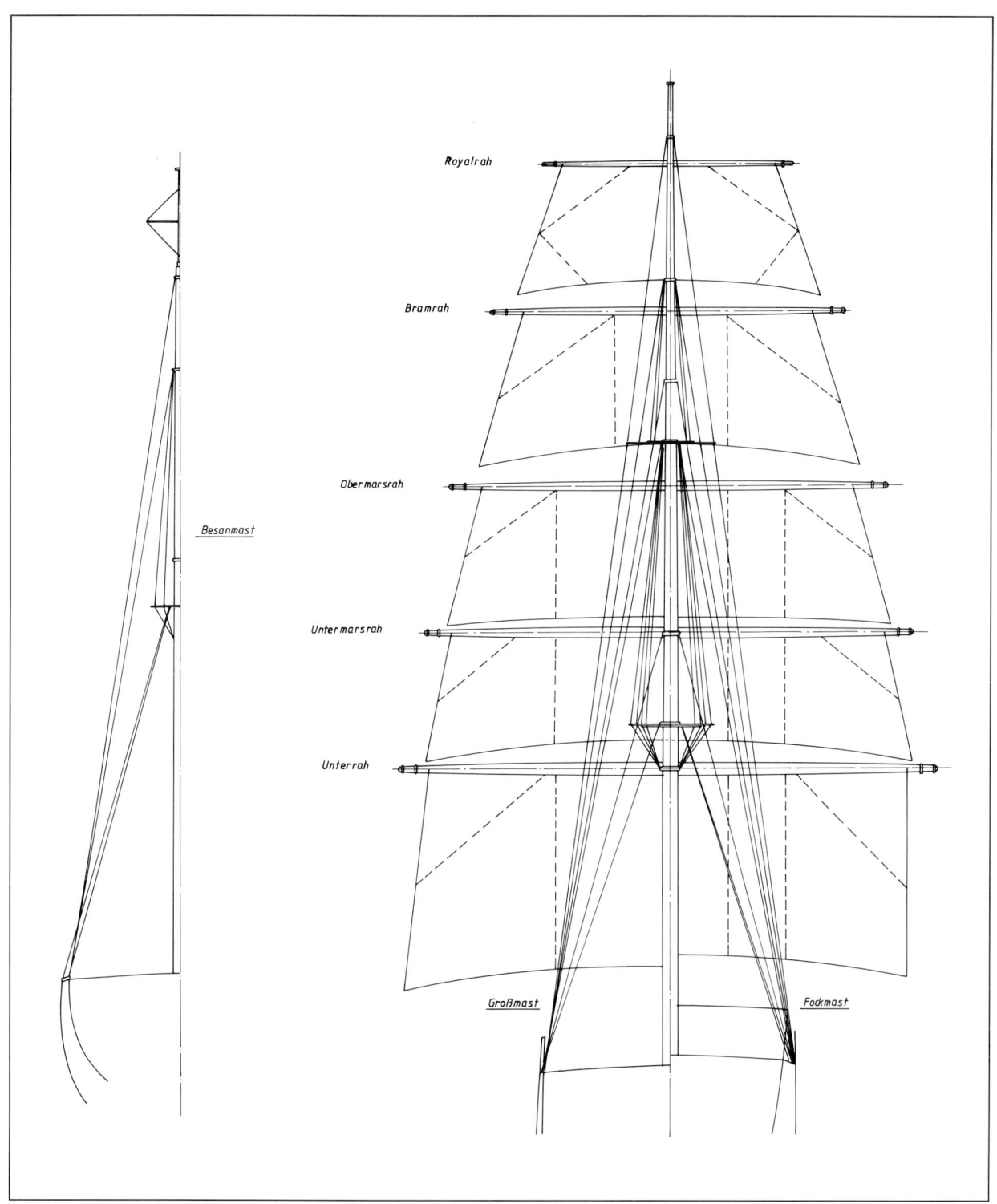

Royalrah

Bramrah

Obermarsrah

Besanmast

Untermarsrah

Unterrah

Großmast   *Fockmast*

zu Plan 5: Takel- und Segelriß

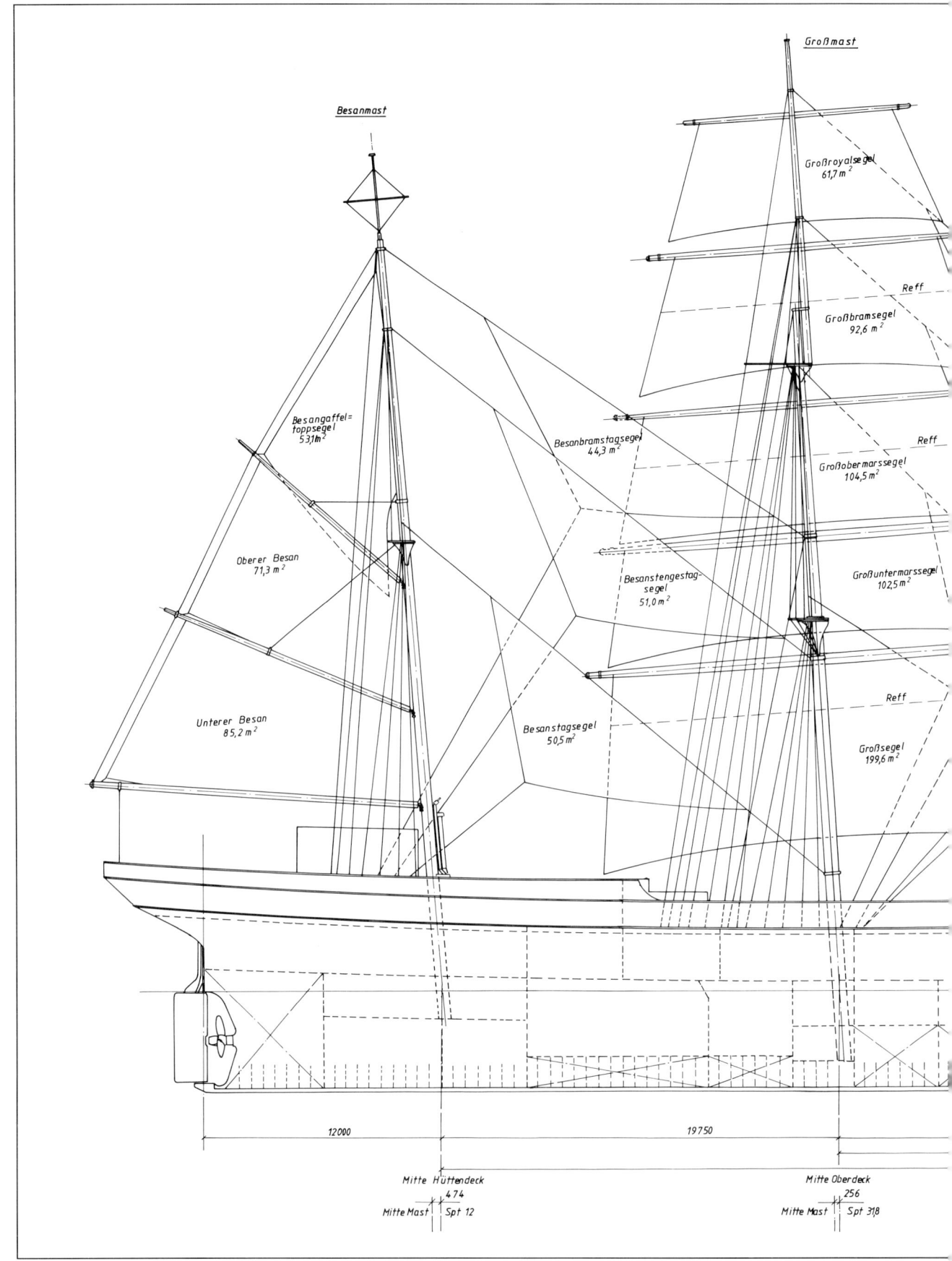

Plan 5: Takel- und Segelriß

Labels within the figure:

Besanmast

Großmast

Großroyalsegel
61,7 m²

Reff

Großbramsegel
92,6 m²

Besanbramstagsegel
44,3 m²

Reff

Großobermarssegel
104,5 m²

Besangaffel=
toppsegel
53,1 m²

Oberer Besan
71,3 m²

Besanstengestag-
segel
51,0 m²

Großuntermarssegel
102,5 m²

Reff

Unterer Besan
85,2 m²

Besanstagsegel
50,5 m²

Großsegel
199,6 m²

12000

19750

Mitte Hüttendeck
474
Mitte Mast | Spt 12

Mitte Oberdeck
256
Mitte Mast | Spt 318

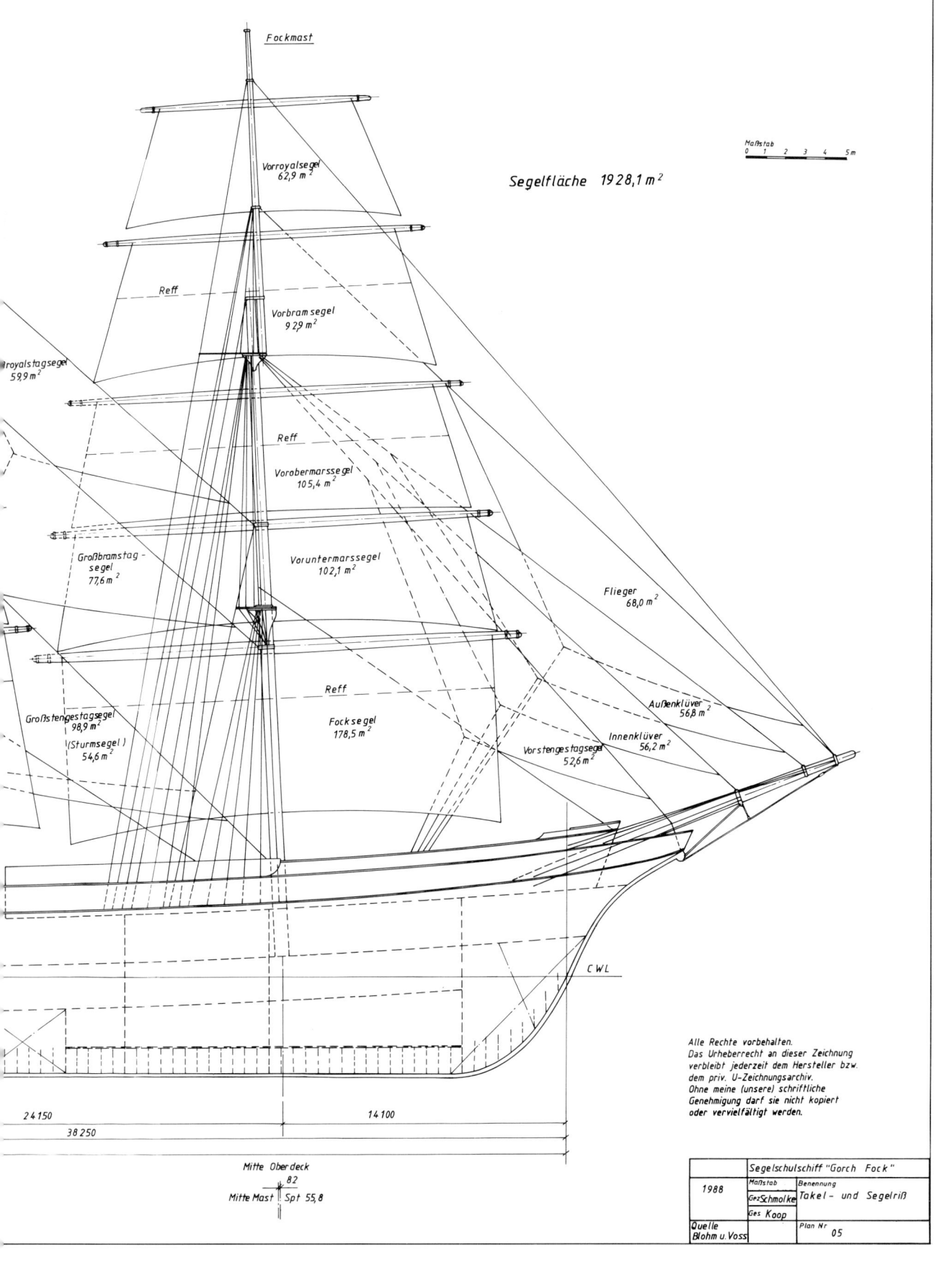

Fockmast

Vorroyalsegel
62,9 m²

Segelfläche 1928,1 m²

Maßstab
0 1 2 3 4 5m

Reff

Vorbramsegel
92,9 m²

Vorroyalstagsegel
59,9 m²

Reff

Vorabermarssegel
105,4 m²

Großbramstag-
segel
77,6 m²

Voruntermarssegel
102,1 m²

Flieger
68,0 m²

Reff

Außenklüver
56,8 m²

Großstengestagsegel
98,9 m²

Focksegel
178,5 m²

Innenklüver
56,2 m²

(Sturmsegel)
54,6 m²

Vorstengestagsegel
52,6 m²

C W L

24 150

14 100

38 250

Mitte Oberdeck
82
Mitte Mast ‖ Spt 55,8

	Segelschulschiff "Gorch Fock"	
1988	Maßstab	Benennung
	Gez Schmolke	Takel- und Segelriß
	Ges Koop	
Quelle Blohm u. Voss	Plan Nr	05

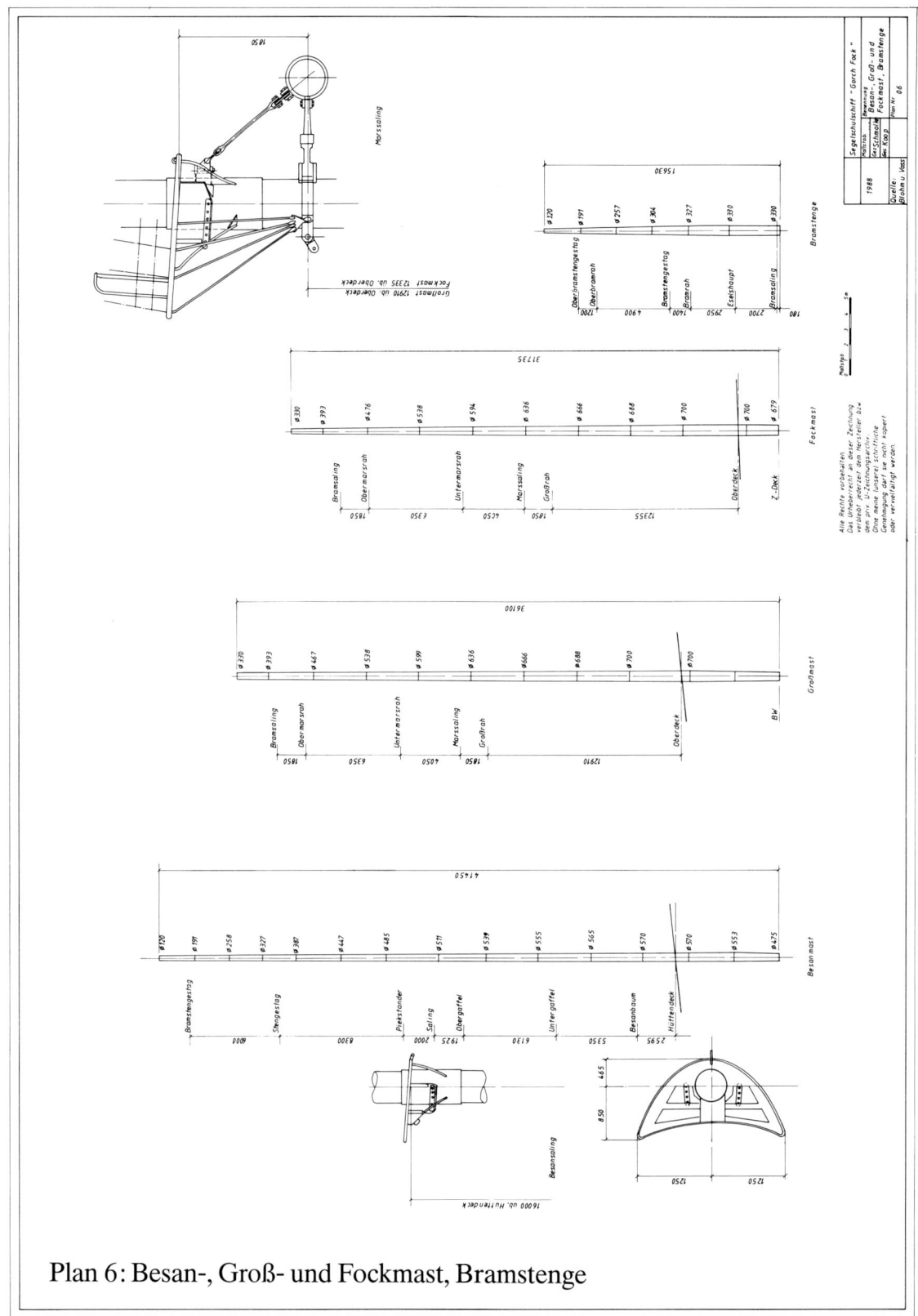

Plan 6: Besan-, Groß- und Fockmast, Bramstenge

132

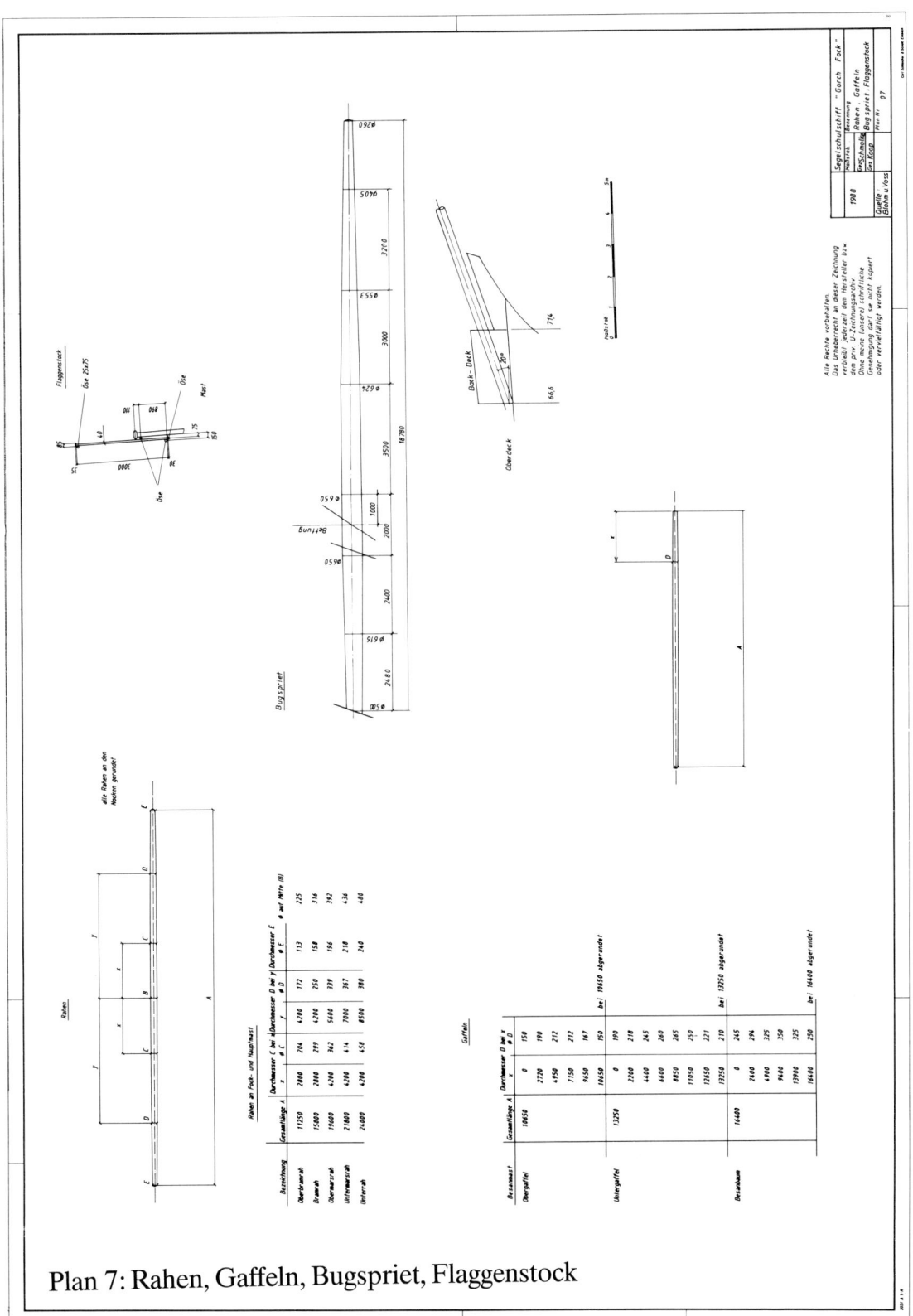

Plan 7: Rahen, Gaffeln, Bugspriet, Flaggenstock

133

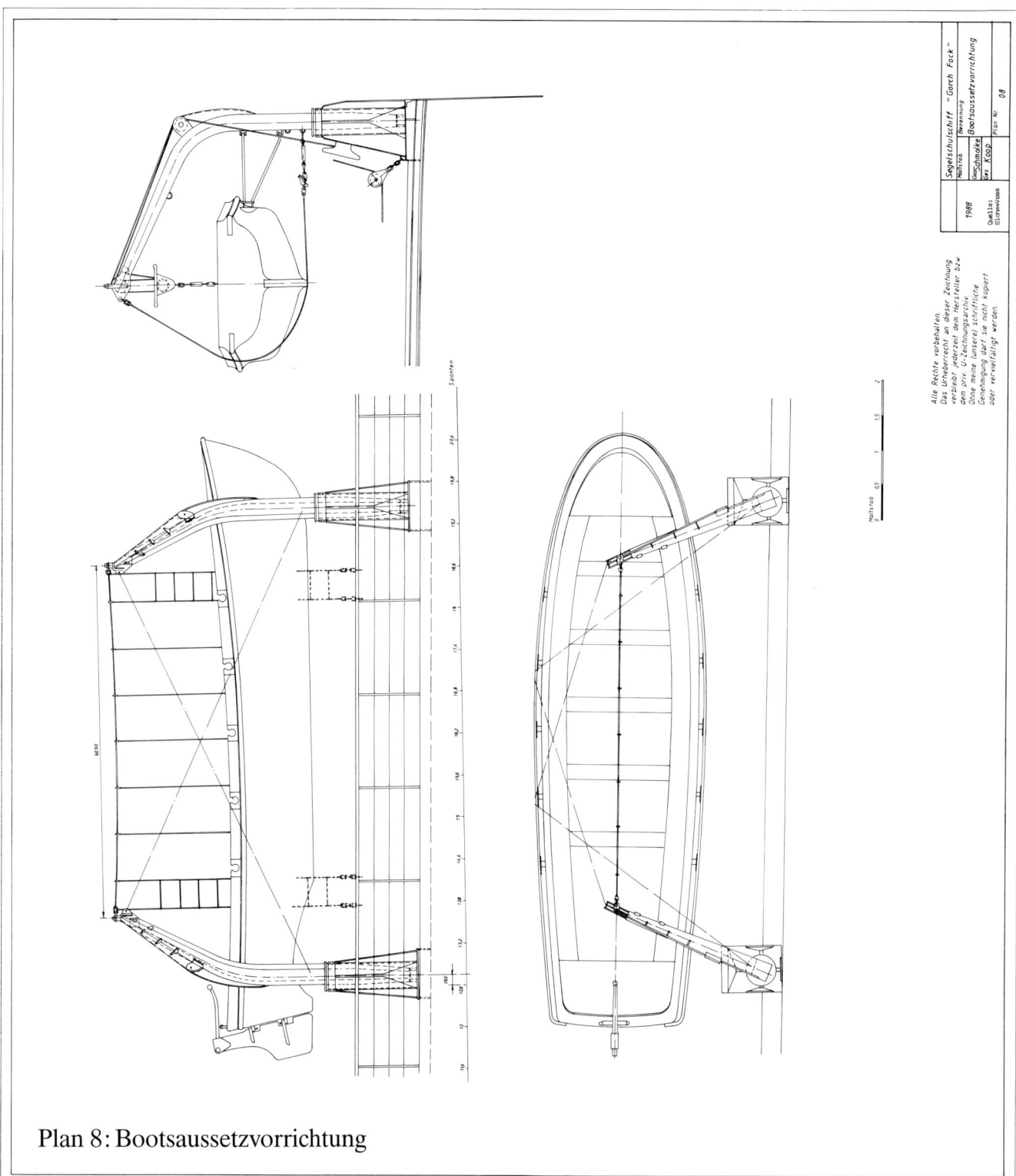

Segelschulschiff "Gorch Fock"	
Maßstab	Benennung
	Bootsaussetzvorrichtung
Ges. Schnacke	
Gez. Kopp	Plan Nr.: 08
1988	
Quelle: Bildaufnahmen	

Plan 8: Bootsaussetzvorrichtung

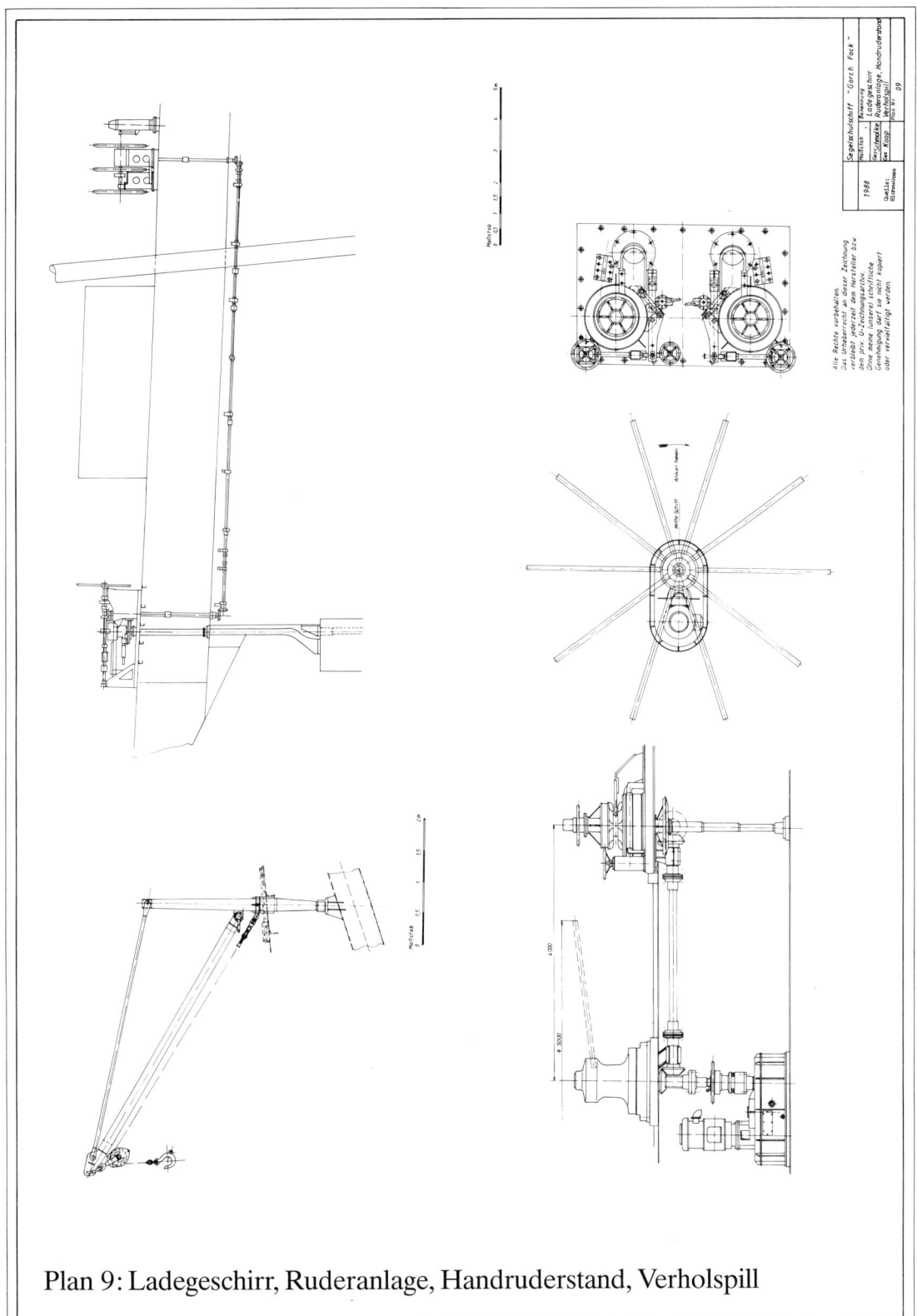

Segelschulschiff "Gorch Fock"	
Maßstab	Benennung
Gez.Schmoke	Ladegeschirr
Ger.Kopp	Ruderanlage, Handruderstand
	Verholspill
1988	Plan Nr. 09
Quelle: Blohm+Voss	

Plan 9: Ladegeschirr, Ruderanlage, Handruderstand, Verholspill

135

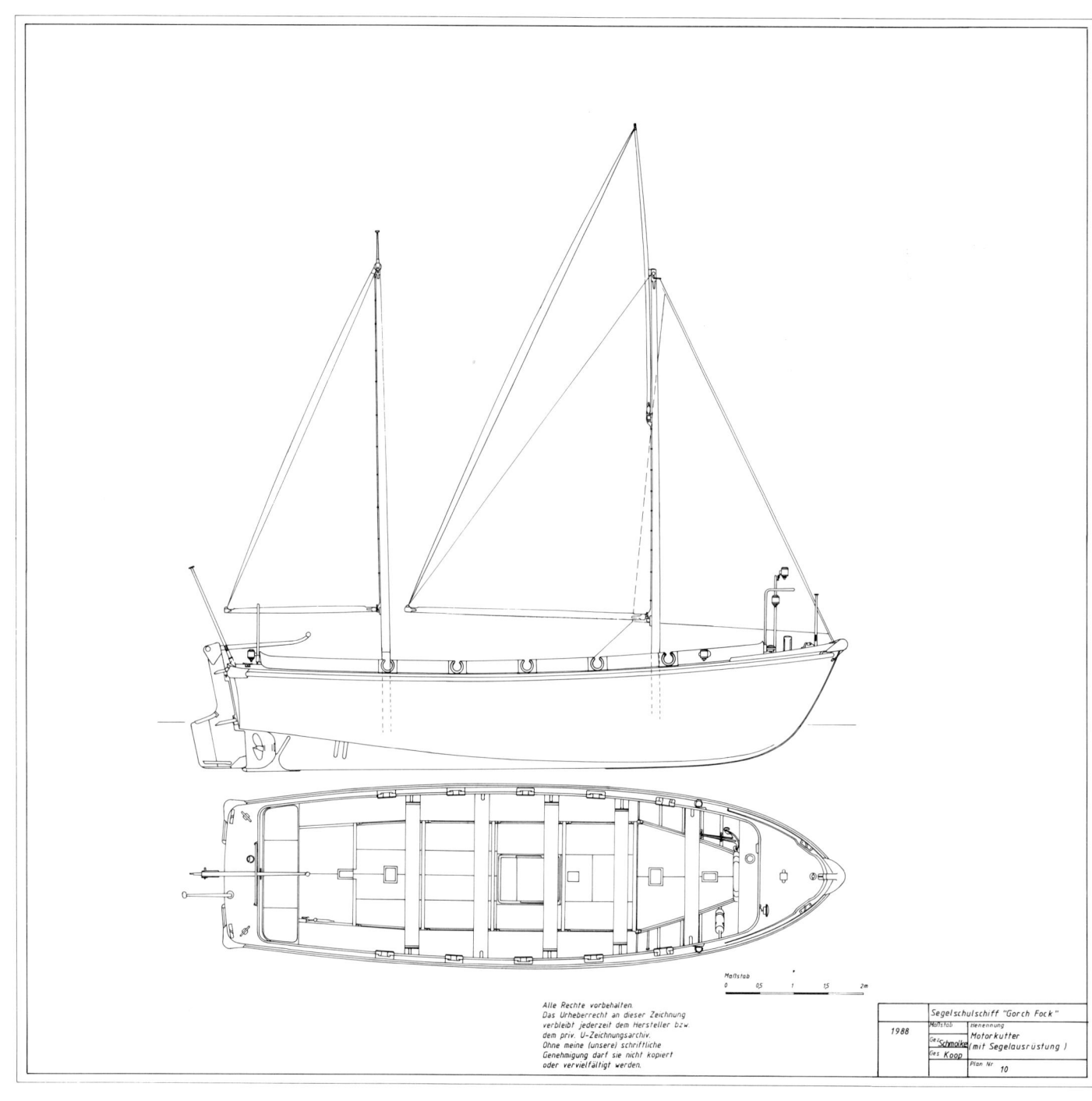

Maßstab
0   05   1   15   2m

1988	Segelschulschiff "Gorch Fock"	
	Maßstab	Benennung
	Gez. Schmolke	Motorkutter
	Ges. Koop	(mit Segelausrüstung)
		Plan Nr 10

Plan 10: Motorkutter (mit Segelausrüstung)

136

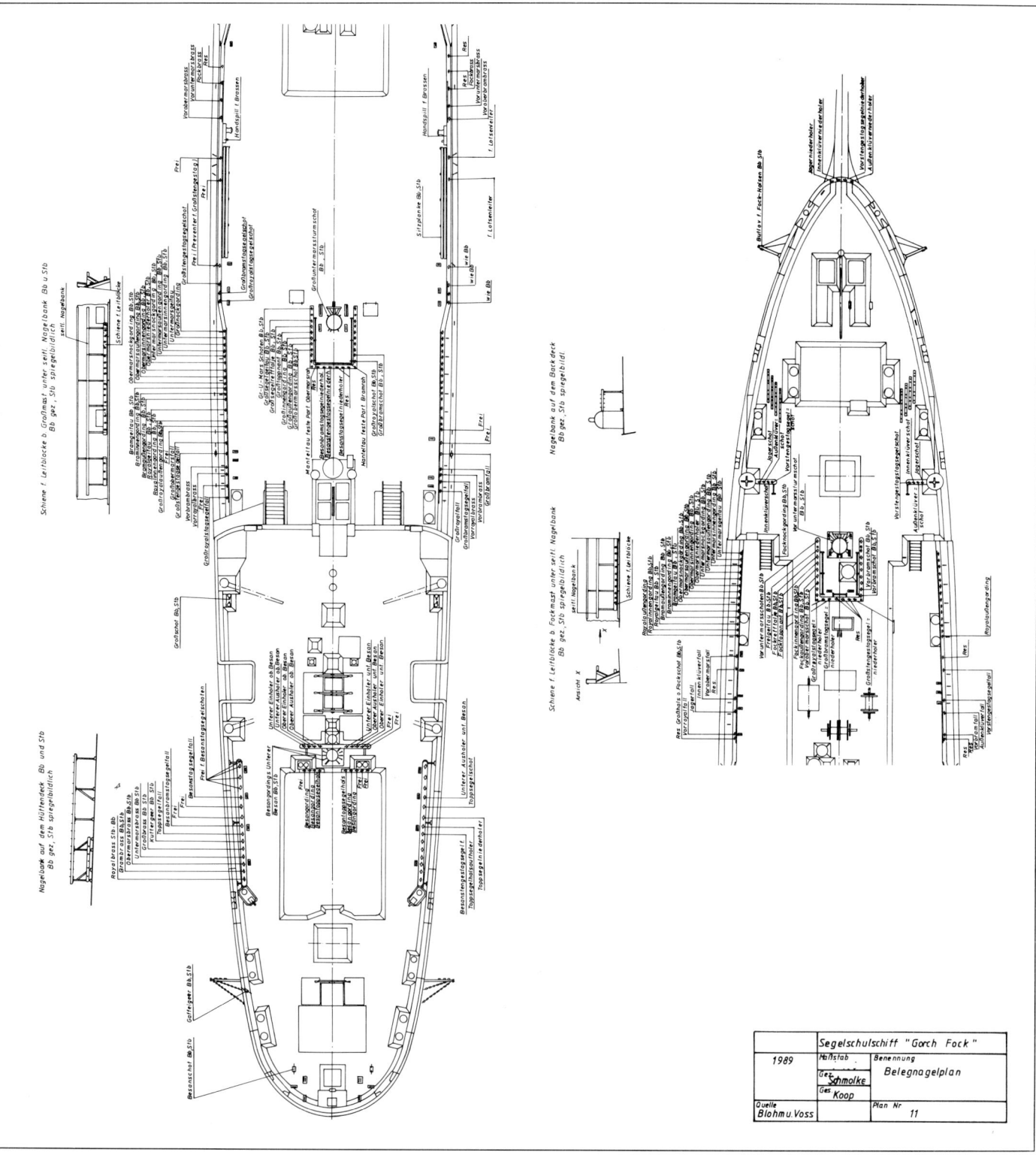

Plan 11: Belegnagelplan

12. Nachtrag: Ende, Bergung und Wiederherstellung der GORCH FOCK (I)

Der Zufall spielte nach Abschluß aller Manuskriptarbeiten dem Verfasser eine aus der DDR stammende, von einer dort etablierten Arbeitsgemeinschaft für Schiffahrt verfaßte Abhandlung in die Hände, die sich mit dem ehemaligen Segelschulschiff **GORCH FOCK** befaßt. Unter Fortlassung der üblichen politisch-ideologischen Auslassungen bleibt ein recht interessanter Bericht, der umso aktueller ist, als er erstmalig ausführlich Informationen über die Zeit nach 1945 bringt.

Folgt man den Ausführungen, lagen im Frühjahr 1945 alle drei deutschen Segelschulschiffe: **GORCH FOCK, HORST WESSEL** und **ALBERT LEO SCHLAGETER** auf der Reede von Lauterbach, zwischen dem

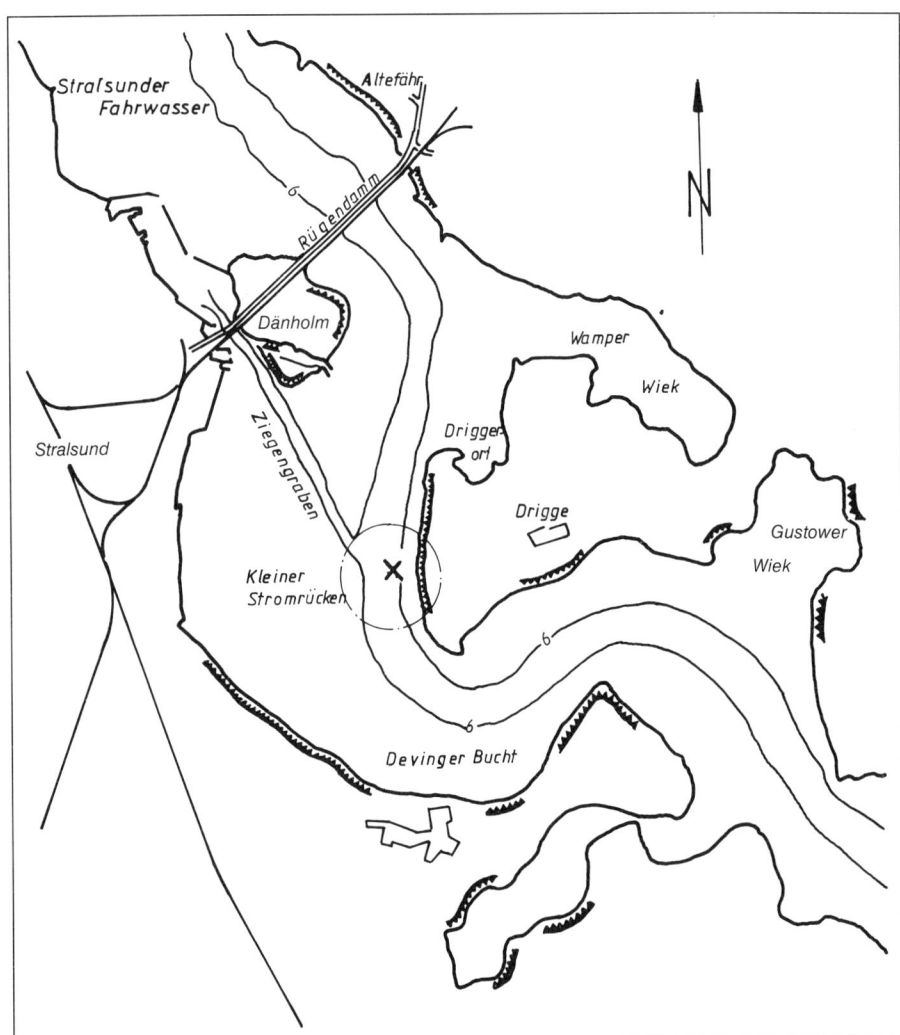

× = Lage des Wracks der **GORCH FOCK** im Stralsunder Fahrwasser

Hafen und der Insel Vilm vor Anker. Am 20. April 1945 verholte die **GORCH FOCK** nach Stralsund und warf südlich der Insel Dänholm außerhalb des Fahrwassers Anker. Die **HORST WESSEL** verlegte erst am 29. oder 30. April 1945 durch das Fahrwasser Landtief nach Westen und warf am 2. Mai 1945 vor Glücksburg Anker. Im Gegensatz zu anderen Publikationen, die darlegen, daß die **HORST WESSEL** bei der Verlegung zahlreiche Flüchtlinge mitnahm, lag die Sachlage anders. Ein ehemaliger Verwaltungsobermaat, Mitglied der Stammbesatzung, berichtet von 90 Mann Stamm und zusätzlichen 70 Personen: Familienangehörigen der Besatzung. Der Obermaat verließ die **HORST WESSEL** in Wilhelmshaven am 10. September 1945.

Inzwischen war die Nordansteuerung Stralsunds für seegehende Fahrzeuge blockiert: Dort lagen die gesunkenen Spüler **LEBBIN** und eine Schute mit Kennung **P 96**. Die **GORCH FOCK** wurde nach Darstellung eines weiteren Obermaaten der ehemaligen Kriegsmarine am 30. April 1945 gegen 1400 Uhr gesprengt. Besagter Obermaat war Bootsführer bei der 7. Schiffsstammabteilung auf dem Dänholm und erhielt nach Eintreffen des Schiffes den Befehl, die Besatzung überzusetzen. Das Stammpersonal bestand überwiegend aus Unteroffizieren. Vier Mann blieben als Wache an Bord, und bis zum 30. April wurde das Segelschiff abgetakelt und abgerüstet. Der Obermaat führte mit seinem V-Boot die Transportaufgaben durch.

Die Ausbau- und Abbauteile kamen im Bootshafen in einen Schuppen. Im Verlauf des 30. April wurden Kisten mit Sprengmitteln an Bord gebracht, und kurz nach dem Mittagessen stieg das Sprengkommando (drei Unteroffiziere) ein und wurde an Bord übergesetzt. Dann wurden sie wieder aufgenommen und das V-Boot entfernte sich vom Schiff, um in ca. 100 m Abstand liegen zu bleiben. Nach etwa vier bis fünf Minuten erfolgten die Sprengungen, das Schiff neigte sich nach Backbord und setzte sich nach weiteren zehn Minuten im Fahrwasser auf Grund.

Nach Kriegsende erwies sich als vorrangig, das Fahrwasser Stralsunds zu räumen. Es kam zur Gründung der Berthold Staude GmbH, die sich aus einer Bahnspedition und einer Bergungsreederei zusammensetzte. Die zugehörigen Schlepper **HERTHA**, 108 BRT, Baujahr 1892, und **HANSA**, 82 BRT, Baujahr 1888,

Die Lage des Wracks der **GORCH FOCK** vor der Bergung

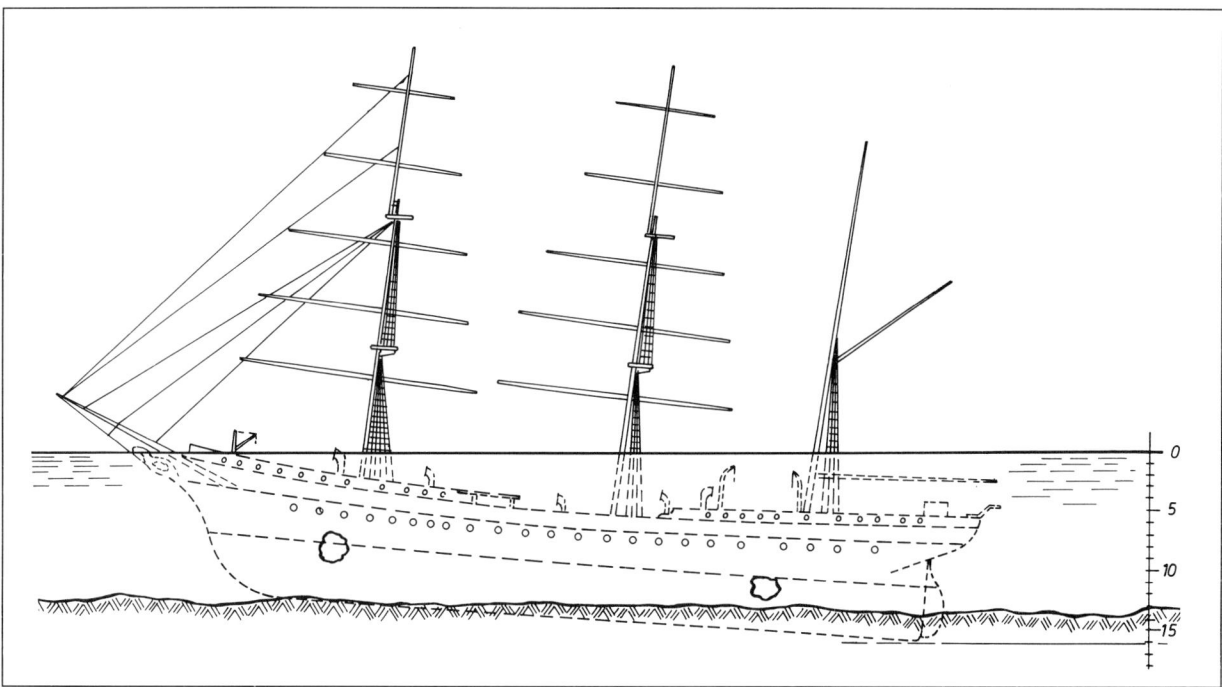

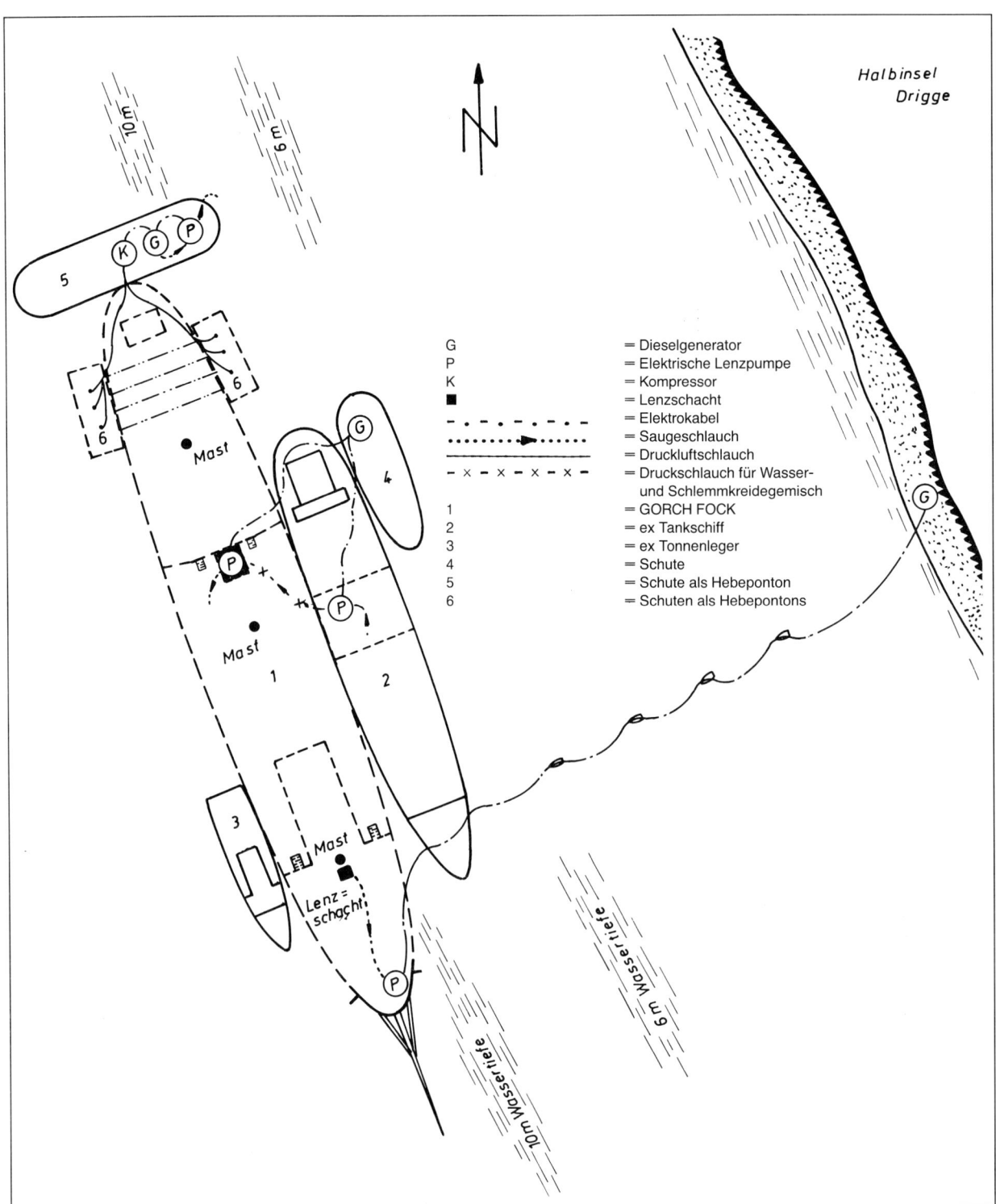

Die Bergung

befanden sich seit Oktober 1944 in Kiel; in Stralsund lag lediglich der Hebeponton **DOMMING** und ein Teil der Taucherausrüstung. Im Frühjahr 1946 befahl die sowjetische Kommandantur, im Raum Swinemünde und Stralsund mit den Bergungsarbeiten an den dort liegenden zahlreichen Wracks zu beginnen. Als wichtigstes Objekt galt die **GORCH FOCK**, die der Sowjetunion als Beute zugesprochen worden war. Leiter auf sowjetischer Seite war der Kapitän 2. Ranges Schimistrow, auf deutscher Seite der Firmeninhaber W. Muswiek. Ende 1946 wurde der Bergungsvertrag unterzeichnet, als Kosten wurden 500.000 RM veranschlagt. Die vorgegebene Zeit betrug fünf Monate. Die erste Wrackbesichtigung fand im Winter 1946/47 statt; das Wrack war bequem über das Eis erreichbar und lag etwa 250-300 m vom Ufer ab. Das Heck war unter Wasser, der Bug konnte betreten werden. Die Neigung betrug 15° nach Backbord. Das stehende Gut war noch vollständig vorhanden. Im Frühjahr begannen die Bergungsarbeiten. Zum Bergungspersonal gehörten mehrere Taucher, die als erste Maßnahme das Ankergeschirr ausbauten. Hierbei half ein Fahrzeug Namens **DSHIGIT** (ehemals Taucherfahrzeug mit Druckkammer). Das Geschirr wurde auf einen Baggerprahm verladen und nach Stralsund gebracht. Die Sowjets stellten transportable Dieselgeneratoren und elektrische Pumpen zur Verfügung. Die Schiffskörperuntersuchung ergab zwei größere Lecks unterhalb der Konstruktionswasserlinie an der Backbordseite: beide etwa 2,3 × 1,6-1,8 m groß, das eine direkt vor dem Fockmast, das andere in Höhe des Maschinenraums. Die Aufbauten und das Schanzkleid an der Steuerbordseite wiesen zahlreiche Einschüsse mittleren Kalibers auf. Offenbar war das Schiff vom Dänholm aus beschossen worden. Die Lecks wurden mit Patschen abgedichtet und Lenzschächte installiert: einer auf dem Maschinenraumoberlicht mit Plattform für eine elektrische Pumpe, der andere auf der Back, ebenfalls mit Pumpe. Die Schächte waren mindestens 3-4 m lang und ragten ca. einen halben Meter über die Wasseroberfläche. An der Backbordseite des Schiffskörpers wurde ein altes Tankschiff von etwa 800 t vertäut, an der Steuerbordseite ein Tonnenleger von etwa 150 tdw. Beide sollten das aufschwimmende Schiff halten. Achtern wurde eine Schute mit einem Dieselgenerator für den Antrieb einer elektrischen Pumpe festgemacht und an Land kam ein weiterer Dieselgenerator für eine Pumpe zur Aufstellung. Schließlich wurden alle Niedergänge, Schächte und Bulleyes dichtgesetzt. Der erste Hebeversuch brachte nach längerem Pumpenbetrieb den Schiffskörper dazu, sich vom Schlick zu lösen, das Achterschiff stieg um ca. 1-1,5 m an. Dann ging es jedoch nicht weiter. Man stellte zwar keine weiteren Lecks fest, aber das Schott in Höhe des Fockmastes war ebenfalls gesprengt worden. Nun kamen weitere Hebepontons hinzu: eine 20 m lange Schute wurde mit Schotts versehen und somit zum Hebeponton von ca. 500 t. Sie legte man quer zum Heck. Hinzu kamen an Steuerbord und Backbord achtern je eine weitere Schute, die abgesenkt wurden und mit Trossen verbunden waren. Außerdem legte man eine weitere Schute mit Dieselgenerator, Kompressor und elektrischer Pumpe nach dort.

Beim zweiten Hebeversuch kam das Schiff langsam frei, so daß man bereits auf dem Dach des Brückenhauses stehen konnte. Dann gab es einen Knall, und alles blieb beim alten. Die Schottür eines Niederganges im Achterschiff hatte dem Wasserdruck nicht standgehalten. Es kam zum dritten Versuch. Trotz intensivem Pumpen senkte sich der Wasserstand nicht. Die Untersuchung mittels Schlemmkreide ergab, daß ein Bulleye beim Absenken eines Hebepontons eingedrückt worden war.

Der vierte Versuch war schließlich von Erfolg gekrönt. Die Hebepontons wurden angeblasen und das Schiff schoß mit 39° Backbordschlagseite an die Oberfläche, dabei die längsseits liegenden Fahrzeuge mit anhebend. Nach dem Aufrichten wurde das Schiff mittels Schlepper an eine Holzpier der Stadtwerft, westlich vom Dänholm, verholt. Die Stadtwerft Stralsund führte die ersten provisorischen Reparaturen und die Generalreinigung durch. Im Sommer 1947 wurden die Rahen und Gaffeln mit dem Küstenmotorschiff **OTTO KLAENHAMMER** nach Wismar gebracht. Im Herbst 1947 verlegte das Schiff nach Rostock in die Neptunwerft. Dort wurde es gedockt und weiteren Instandsetzungen unterzogen. Es führte noch immer den Namen **GORCH FOCK**. Zur endgültigen Instandsetzung verlegte das Schiff dann weiter in die Mathias-Thesen-Werft in Wismar. 1949 kehrte es dann, nunmehr schon unter seinem neuen Namen **TOVARIŠČ** nach Rostock zurück, wo erneut gedockt wurde. Hier erfolgte auch die Endausrüstung und 1951 schließlich die Indienststellung.

Der Heimathafen ist Cherson am Dnjepr.

Erläuterung einiger seemännischer Ausdrücke und Bezeichnungen

Aufgeien	(geien), die Schothörner mittels der Geitaue nach der Mitte der Rah ziehen
Bauch-gording	Tau(e), mit dem (denen) beim Aufgeien das Unterliek der Segel auf die Rah geholt wird (werden)
Bekleedete Hoftaue	auch Hoofdtau = Haupttau oder Haupt-want, das vorderste Want an einem Mast. Bekleedet = umwickelt
Block	Rolle mit einer Scheibe zum möglichst glatten Durchlaufen von Tauwerk, dessen Richtung geändert werden soll
Brassen	Taue an beiden Rahenden zur horizontalen Bewegung
Bullentalje	Baumniederhalter, sitzt an der Mitte eines Baumes
Dirk	Taue, in denen der Baum hängt
Eselshaupt	auch Eselshoofd oder Mohrenkopf, ein hölzerner oder eiserner/stählerner Klotz mit einem viereckigen oder runden Loch zur Verbindung Mast und Stenge oder Mars- und Bramstenge
Fallen	jedes Tau zum Aufziehen oder Niederholen von Segeln
Fußpferde	unter den Rahen sitzendes Tauwerk, auf dem die Mannschaften beim Entern zum Arbeiten in den Masten und an den Rahen stehen
Gatchen	auch Gattchen, eine Art zweiteilige Segel-tuchöse, ähnlich einem Druckknopf
Geere(n)	Geerde oder Gei einer Gaffel
Gei	Bezeichnung für ein Tau (Geitau zum Auf-geien von Rah- oder/und Gaffelsegeln)
Geitau(e)	Tau(e), mit dem (denen) die Schothörner der Rahsegel zur Mitte der Rah geholt wird (werden) — zum Schwenken
Gording	Tauwerk an der Vor- und Rückseite der Rahsegel zum Straffen dieser, also alle Taue, mit denen außer den eigentlichen Geitauen die Segel aufgeit werden
Grosshals(en)	Hals(en) des Großsegels = das Luvschot-horn eines Untersegels
Horn-bugspriet	Bugspriet und Klüverbaum bestehen aus einem Stück
Jackstag	auch Jäckstag; damit ist jede Rah versehen, besteht entweder aus Eichenholz oder Eisen/Stahl. Durch kleine in der Rah befindliche Augbolzen werden Rund-stangen gesteckt, an denen die Oberlieken des jeweiligen Segels angebendselt werden
Kapitänsfall	= Großobermarsfall, an Steuerbordseite sitzend
Klappläufer	ein einfaches Takel, aus zwei einscheibigen Blöcken bestehend, auch durch einen festen einscheibigen Block geschorenes Tau
Laufendes Gut	bewegliches Tauwerk
Legel	auch Lägel oder Lögel, Stropp mit zwei Augen oder auch brillenartiges Drahtauge
Liek	Segelkante
Luv-schothorn	die untere vordere Ecke (auch Hals) eines Gaffelsegels
Nockpferd(e)	Tau(e) unter der Nock (den Nocken), auf dem (denen) man stehen kann
Pardun(en)	starkes Tau (starke Taue), mit dem (denen) die Stenge(n) nach rückwärts gehalten wird (werden)
Rack	Taue oder Ketten, mit denen die Rahen in der Mitte des Mastes bzw. der Stenge fest-gehalten werden = ein schwerer Wirbel zum Toppen oder Brassen einer Unterrah
Reef	Segelabteilung zum Verkleinern des Segels
Reef-kauschen	auch Reffkauschen, dient mit zum Reffen (Einziehen) der Segel
Royal	eingedeutscht aus Roil, Reul bzw. Reuel, Oberbramsegel
Saling	Längs- und Querhölzer am Topp der Unter-masten und Marsstengen zum Spreizen der Stengen- und Bramwanten. Die untere Saling dient oft auch als Unterlage der Marse
Schloßgat	ein Loch am Fuß einer Stenge, wodurch das Holz gesteckt wird, das diese auf der Saling hält
Schloßholz	das Holz, das die Stenge auf der Saling hält
Schot(en)	auch Schoot, Tau(e), mit dem (denen) die unteren Ecken der Segel angeholt und straff gezogen werden
Schothorn	die Ecke des Segels, an der die Schot befestigt ist. Rahsegel haben zwei
Spring-pferd(e)	Haltetau(e) an einer Rah
Stag	ein starkes Tau zum Abstützen des Mastes (in Längsrichtung) nach vorne
Stagsegel	Dreiecksegel, an den Stagen laufend
Stampfstock	auch Martingäle oder Domper, ein eiserner/stählerner oder hölzerner, senkrecht vom Ende des Bugspriets nach unten stehender Stock, um das den Klüver und Außen-

	klüverbaum nach unten stützende Tauwerk zu spreizen	Untermars	zweite Rah von unten
Takelage	Gesamtheit aller Vorrichtungen, die zum Halten und Regieren der Segel dienen, also Masten, Rahen, Gaffeln sowie zugehöriges Tauwerk (stehendes und laufendes Gut). Die Segel rechnen nicht dazu	Vorliek	das vorderste Saumtau an einem Stag- oder Gaffelsegel
		Want(en)	das oder die Tau(e), mit dem (denen) die Masten zur Seite hin abgestützt wird (werden). Die quer dazu befindlichen Webleinen dienen als Treppe
Topp-nant(en)	auch Topnant = Tau(e), um die Rah(en) in vertikaler Richtung zu bewegen	Wasserstag	Tau oder Kette, das oder die das Bugspriet nach unten befestigt

Abkürzungen

A	Auxilary = Kennbuchstabe für Hilfsschiffe	MG	Metazentrische Höhe (heute mit GM bezeichnet)
AAR	Auslandsausbildungsreise	Mio	Million(en)
AR	Ausbildungsreise	M.L.A.	Marinelehrabteilung
AG	Aktiengesellschaft	mm	Millimeter
Bb	Backbord	Nr.	Nummer
BGS (See)	Bundesgrenzschutz (See)	NRT	Nettoregistertonne(n)
BRT	Bruttoregistertonne(n)	NSDAP	Nationalsozialistische Deutsche Arbeiterpartei
ca.	circa/zirka	PSe	Pferdestärke(n), effektiv = Leistungsmaß, heute erfolgt Angabe in kW (1 PS = 0,736 kW)
cm	Zentimeter		
Dir.	Direktor	SA	Sturmabteilung
d.h.	das heißt	sm	Seemeile(n)
DiMot	Dieselmotor(en)	Stb	Steuerbord
ex	ehemals	SStA	Schiffsstammabteilung
FKpt	Fregattenkapitän	t	Tonne(n), metrisch
GMSA	auch GM/SA = German Mine Sweeping Administration / Deutsche Minenräumleitung	tdw	tons deadweight, Ladefähigkeit eines Schiffes in englischen tons (1 ts = 1,016 t)
KfK	Kriegsfischkutter	u/min	Umdrehungen per Minute
KKpt	Korvettenkapitän	U.S.	United States
kn	Knoten	z.B.	zum Beispiel
KPD	kommunistische Partei Deutschlands	...°	Grad
Kptlt	Kapitänleutnant	0055 Uhr =	Uhrzeitgruppe, übliche Schreibweise bei der Marine, hier 55 Minuten nach Mitternacht
KptzS	Kapitän zur See		
kW	Kilowatt = Leistungsmaß (1 kW = 1,36 PS)	55°14'n/ 17°21'o	= Positionsbestimmung auf See, hier 55 Grad 14 Minuten Nord und 17 Grad 21 Minuten Ost
m	Meter		
m²	Quadratmeter		
m³	Kubikmeter		
MES	Mineneigenschutz		

Quellen- und Literaturverzeichnis

Archiv des Verfassers

Buchveröffentlichungen

Bordgemeinschaft Gorch Fock, Segelschulschiff Gorch Fock 1933-1945, Dreirich 1987

Breyer/Koop, Die Schiffe und Fahrzeuge der deutschen Bundesmarine 1956-1976, München 1978

Curti, Masten — Rahen — Takelwerk, Basel 1979

Deutsches Marine Institut, Marineschule Mürwik, Herford 1985

Dluhy, Schiffstechnisches Wörterbuch, Bd. 1 Deutsch-Englisch, Hannover 1983

Gröner, Die deutschen Kriegsschiffe 1815-1945, Band 1 und 5, München/Koblenz 1982/1988

Hildebrand/Röhr/Steinmetz, Die deutschen Kriegsschiffe, Band 1 - 7, Herford 1979 - 1983

Koop/Galle/Klein, Von der Kaiserlichen Werft zum Marinearsenal, Koblenz 1982

Koop/Mulitze, Die Marine in Wilhelmshaven, Koblenz 1987

Kriegsschiffe der Welt 1860-1905, Band 1, Koblenz 1983

Paasch, Vom Kiel zum Flaggenknopf, Antwerpen 1901, Reprint Hamburg/Norderstedt 1978

Peter, Der Untergang der Niobe, Herford 1976

Ruge, In vier Marinen, München 1979

Schmelzkopf, Die deutsche Handelsschiffahrt 1919-1939, Band 1 und 2, Oldenburg/Hamburg 1975

Stärk, Marineunteroffizierschule Plön, Plön 1974

Titzck/Hinrichsen, Segelschulschiff Gorch Fock, Herford 1985

Verlag Heinemann, Segel-Schulschiffe, Norderstedt 1977

v. Stackelberg, Segelschulschiff Gorch Fock, Göttingen/Frankfurt/Zürich 1978

Periodika / Zeitschriften / Presse

Atlantische Welt
Leinen los
Marine/Flotte
Marineforum
Marine-Rundschau
Schiff und Zeit
Seekiste/Schiffahrt international
Soldat und Technik
SOS — Schicksal deutscher Schiffe
Truppenpraxis
Wilhelmshavener Zeitung und andere Tageszeitungen

Jahrbücher

Combat Fleets of the World, Annapolis, verschiedene Jahrgänge

Flottes de Combat, Paris, verschiedene Jahrgänge

Jahrbuch der Marine, verschiedene Jahrgänge

Jane's Fighting Ships, London, verschiedene Jahrgänge

Schiffbau, verschiedene Jahrgänge

Schiffbautechnische Gesellschaft, verschiedene Jahrgänge

Weyer (Taschenbuch der Kriegsflotten/Flottentaschenbuch), verschiedene Jahrgänge

Sonstiges

Blohm & Voss, Hamburg

Wehrgeschichtliches Ausbildungszentrum der Marineschule Mürwik

Schiffs-Register

146

Der Autor

Gerhard Koop. Jahrgang 1926. 1941 Kriegsmarine, Unteroffiziervorschüler, U-Bootwaffe. 1951 Bundesgrenzschutz. 1956 Bundesmarine. Bis 1975 Bordkommandos auf Schnellbooten, U-Jagdbooten, Minensuchern, Fregatten und Versorgern als Schiffstechnischer Offizier. Von 1960 bis 1962 Fachlehrer an einer Technischen Marineschule. Ab 1975 Sachbearbeiter für Motoren beim Marineunterstützungskommando. 1981 Ruhestand.

Buchveröffentlichungen: Die Marine in Wilhelmshaven (mit E. Mulitze); Emden — Ein Name fünf Schiffe; Von der Kaiserlichen Werft zum Marinearsenal (mit K. Galle und F. Klein); Von der Emden zur Tirpitz (mit S. Breyer), 2 Bände; Die Schiffe und Fahrzeuge der deutschen Bundesmarine 1956 bis 1976 (mit S. Breyer).

Übersetzungen: Die britischen Schlachtschiffe des Zweiten Weltkriegs, 3 Bände; Segelkriegsschiffe 1400 - 1860; Kriegsschiffe der Welt 1860 - 1905, 3 Bände; Die Tirpitz — Eine schwimmende Festung und ihr Schicksal.

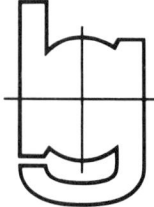

Die Konstruktionspläne der GORCH FOCK (II)

Die auf den Seiten 122-137 des vorliegenden Werkes »Die deutschen Segelschulschiffe« stark verkleinert wiedergegebenen Konstruktionspläne und Detailskizzen des Segelschulschiffes GORCH FOCK (II) sind komplett und im Großformat (DIN A1) in einer stabilen Papprolle separat lieferbar.

Die in dieser Form einmalige Plansammlung ist eine wertvolle Arbeitsunterlage für Modellbauer, zugleich eine Fundgrube für Schiffsplänesammler und alle, die sich für bautechnische Einzelheiten von Großseglern und besonders der GORCH FOCK der Bundesmarine interessieren.

Gerhard Koop/Klaus-Peter Schmolke

Planrolle: Segelschulschiff Gorch Fock (II)

11 Pläne im Format DIN A1 mit 43 Konstruktionszeichnungen und Detailskizzen. Stabile Papprolle.
ISBN 3-7637-5861-5

Inhalt
- ☐ Generalplan: Längsschnitt
- ☐ Generalplan: Oberdeck, Hauptdeck
- ☐ Generalplan: Stauung, Plattformdeck, Zwischendeck
- ☐ Linienriß
- ☐ Takel- und Segelriß
- ☐ Besan-, Groß- und Fockmast, Bramstenge
- ☐ Rahen, Gaffeln, Bugspriet, Flaggenstock
- ☐ Bootsaussetzvorrichtung
- ☐ Ladegeschirr, Ruderanlage, Handruderstand, Verholspill
- ☐ Motorkutter (mit Segelausrüstung)
- ☐ Belegnagelplan

Die GORCH FOCK als Buddelschiff

Achim Bielert

Vom Original zum Buddelschiff: Segelschulschiff GORCH FOCK

64 Seiten, über 60 Farb- und Schwarzweißfotos, über 60 Zeichnungen und Skizzen. Format DIN A4.
ISBN 3-7637-5867-4

Eine illustrierte Anleitung und Anregung zum Bau von Buddelschiffen am Beispiel der GORCH FOCK. Über die ausführliche Bauanleitung und die detaillierte Darstellung der einzelnen Arbeitsgänge mit vielen praktischen Tips hinaus erfährt der Leser eine Menge über die Geschichte der Buddelschiffe, über die verschiedenen Arten, Schwierigkeitsgrade und weitere Motive, über Segelschiffe, über die GORCH FOCK, über seemännische Fachausdrücke. Buddelschiffe sind eine auf ganz besondere Art faszinierende Sparte des Modellbaus.

Inhalt
- ☐ Dem Geheimnis auf der Spur
- ☐ Geschichte in Buddelschiffen
- ☐ Das Segelschulschiff GORCH FOCK
- ☐ Vorbereitende Maßnahmen
   Material
   Werkzeug
- ☐ Bauanleitung und Arbeitsgänge
   Festlegung der Größe des Modells
   Bauskizze
   Anfertigung des Schiffsrumpfes

Herstellung der Masten
Arbeiten an der Flasche
Auftakeln des Schiffes
Setzen der Segel
Anstrich des Schiffes
Stapellauf in die Flasche
Restarbeiten
- ☐ Die GORCH FOCK in anderen Flaschen
- ☐ Weitere Motive
   Verschiedene Modelle
   Buddelschiffe mit Hintergrund
   Aktionsflaschen, Buddelschiffe mit Szenen
   Weitere unterschiedliche Schiffe und Flaschen
- ☐ Anhang
   Seemännische Fachausdrücke
   Schiffstypen
   Knotentafel/Seemännische Handarbeiten

Bücher über Segelschiffe

Frank Howard

Segel-Kriegsschiffe 1400-1860

Aus dem Englischen übersetzt von Gerhard Koop

256 Seiten, 388 Abbildungen (Fotos, Zeichnungen und Detailskizzen), davon 32 in Farbe. Bildbandformat. Leinen.
ISBN 3-7637-5239-0

»... eine sehr detaillierte und kenntnisreiche Geschichte des Kriegsschiffbaues über fünf Jahrhunderte ... ein wertvoller Beitrag in der Seefahrtsgeschichte ...«
Militärgeschichtliche Mitteilungen

»... hat eine Fülle von Material zusammengetragen und präsentiert dazu fast 400 (!) Abbildungen, was Shiplover, Modellbauer und Historiker gleichermaßen begeistern wird.«
Schiffahrt International

Unsere Bücher sind über jede gute Buchhandlung zu beziehen.

Wenn Sie sich über unser weiteres Buchprogramm informieren wollen, dann fordern Sie bitte unverbindlich die Themenprospekte »Geschichte/Politik/Wehrwesen«, »Luftfahrt« und »Marine« an.

Peter Kirsch

Die Galeonen

Große Segelschiffe um 1600

232 Seiten, 139 Abbildungen (Fotos, Zeichnungen, Pläne, Detailskizzen), 12 farbige Abbildungen auf den Vorsätzen, 2 beigelegte großformatige Faltpläne mit 10 Konstruktionszeichnungen.
Bildbandformat. Leinen. Schuber.
ISBN 3-7637-5470-9

»Kirsch legt ein ganzes Buch zu diesem beeindruckenden, aber bisher kaum bekannten und bei Modellbauern offenbar wenig beliebten Schiffstyp vor. Das wird sich jetzt ändern: Gründlich hat der Verfasser die Quellen gesichtet, erforscht und gewertet, tief hat er sich in die theoretischen und praktischen Fragen der Schiffbaukunst der Spätrenaissance eingearbeitet und alles umgesetzt in ein gut lesbares Buch und einen Bauplan der ›Stockholmer Galeone‹, der die Modellbauer von WASA und VICTORY weg- und zur Auseinandersetzung mit einer ganz anderen Zeit ›verführen‹ soll. Das Buch bietet dazu hervorragendes Arbeitsmaterial.«
Das Logbuch

Bernard & Graefe Verlag · Karl-Mand-Straße 2 · D-5400 Koblenz · Tel. (02 61) 8 07 06-0